New Media 新媒体·新传播·新运营 系列丛书

# 直播营销话术（慕课版）

刘旸 / 编著

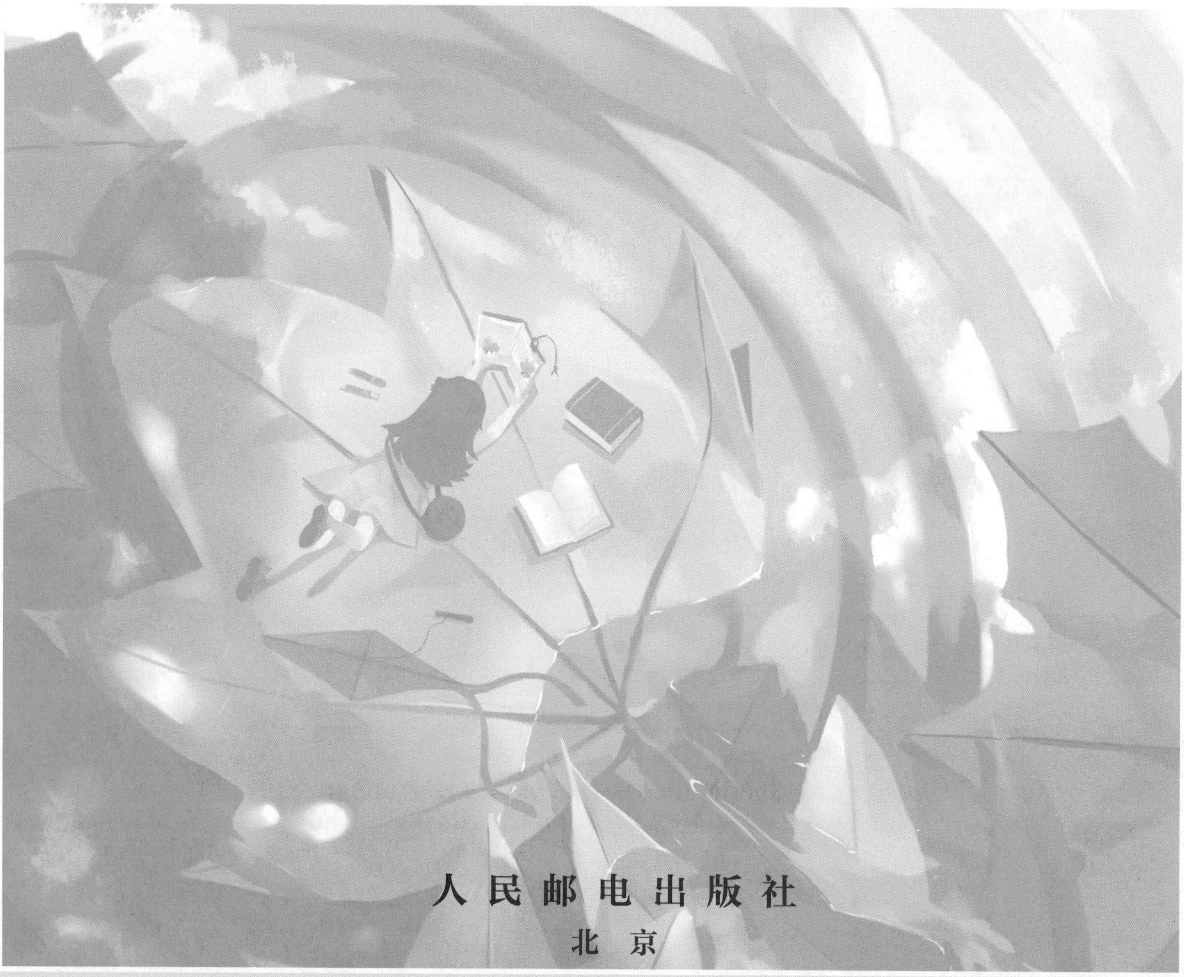

人民邮电出版社
北京

图书在版编目（CIP）数据

直播营销话术 : 慕课版 / 刘旸编著. -- 北京 : 人民邮电出版社, 2022.9
（新媒体·新传播·新运营系列丛书）
ISBN 978-7-115-59660-4

Ⅰ. ①直… Ⅱ. ①刘… Ⅲ. ①网络营销 Ⅳ. ①F713.365.2

中国版本图书馆CIP数据核字(2022)第111097号

## 内容提要

直播营销话术是实现成交的关键，同时也是主播吸引观众停留的重要手段，所以在直播营销过程中巧妙地运用直播营销话术至关重要。本书系统地讲解了直播营销话术的知识，共分为11章，内容包括直播营销话术——直播必备技能，主播进行直播营销的职业进阶，以“人”为中心的直播营销话术，以“货”为中心的直播营销话术，美食类直播营销话术，美妆类直播营销话术，服饰类直播营销话术，数码家电类直播营销话术，母婴类和图书类直播营销话术，生活类和知识类直播营销话术，直播营销效果评估与主播的日常练习、个人发展。

本书内容新颖，注重实践，既可作为本科院校、职业院校市场营销、电子商务等专业的教材，也可供想通过直播进行营销的企业、品牌商、创业者和对直播营销感兴趣的读者学习参考。

◆ 编　　著　刘　旸
责任编辑　连震月
责任印制　王　郁　彭志环
◆ 人民邮电出版社出版发行　　北京市丰台区成寿寺路11号
邮编　100164　　电子邮件　315@ptpress.com.cn
网址　https://www.ptpress.com.cn
涿州市般润文化传播有限公司印刷
◆ 开本：787×1092　1/16
印张：10　　2022年9月第1版
字数：209千字　　2025年8月河北第6次印刷

定价：48.00元

读者服务热线：(010)81055256　印装质量热线：(010)81055316
反盗版热线：(010)81055315

# 前言

党的二十大报告指出，加快发展数字经济，促进数字经济与实体经济深度融合，打造具有国际竞争力的数字产业集群。直播这一形式将是发展数字经济的有力支撑。

直播“带货”模式出现后，其热度一直居高不下，尤其是近两年，直播成为厂商连接消费者的便捷方式，各大品牌从被动直播逐渐转为主动直播，以此来实现品牌宣传、营销造势、下单成交。

直播具有不可逆转性，主播要对其在直播间做出的每一个动作、说出的每一句话负责，因此主播要想策划一场成功的直播，要具备多方面的能力。随着传统电商的“人与货”的连接演化升级为“人与人”的交流，话术在直播营销中发挥着重要的作用。运用直播营销话术的主播不仅是消费者购买商品时的意见领袖，更是一个“可视化的窗口”，可以帮助消费者更加直观地了解商品的属性，从客观上提升商品的营销效果。

在巨大的网络流量中，在营销方式日新月异、营销内容竞争激烈、抢占电商行业头部市场更加困难的情况下，如何充分利用直播营销话术发挥直播“带货”的营销价值，突破营销瓶颈，快速增加销量，是本书编写的重点。

无论是刚进入直播行业的个人创业者，还是寻求经营突破的商家或企业，都可以抓住直播电商的风口进行新的探索，而直播营销话术就是进行这一探索的必备技能之一。本书从直播电商人才需求的实际出发，紧紧围绕不同垂直领域的直播话术特点，通过解析案例，帮助读者快速、全面地掌握直播营销话术。

本书结构清晰，通俗易懂，共分为11章，系统地讲解了直播营销话术——直播必备技能、主播进行直播营销的职业进阶、以“人”为中心的直播营销话术、以“货”为中心的直播营销话术，以及各垂直领域（包括美食、美妆、服饰、数码家电、母婴、图书、生活类和知识类商品）的直播营销话术，并在最后一章讲解了直播营销效果评估与主播的日常练习、个人发展等内容，全方位地帮助读者提升直播营销技能，用直播营销话术推动直播效益的提高。

本书主要具有以下特色。

- **紧跟时代、内容新颖：**本书紧跟时代发展潮流，对直播电商的细分领域话术进行深度解析，帮助读者快速提升直播营销能力。

- **案例主导、学以致用：**本书列举了大量的直播营销话术案例，剖析了很多主播运用直播营销话术的技巧和方法，让读者真正实现学以致用。

- **应用性强、即学即用：**本书将重难点放在实操技能的培养上，无论是刚入行的直播电商新手主播，还是在直播电商行业中寻求职业进阶的“老手”，都能从书中学到实战经验，并应用到自己所处的领域中。

- **资源丰富、拿来即用：**本书提供了丰富的立体化教学资源，其中包括慕课视频、PPT、教学大纲、教案、试卷等，读者扫描封面二维码，即可在线观看慕课视频，选书教师可以登录人邮教育社区（www.ryjiaoyu.com）下载获取。

本书由中华女子学院教师刘旸编著。尽管编者在编写过程中力求准确、完善，但书中可能仍有疏漏与不足之处，恳请广大读者批评指正。

编　者

2023 年 7 月

---

特别声明：本书所引用的所有案例、图片均仅供教学使用，主播的其他个人言行不代表编者及出版社立场。

# 目 录

第 1 章

# 直播营销话术——直播必备技能

【学习目标】

- 掌握直播营销与直播营销话术的基础知识。
- 了解直播营销话术的重要性。
- 了解主播入驻直播营销平台的要求。
- 掌握直播营销话术规范。

艾瑞咨询数据显示，截至 2021 年 12 月，我国直播电商用户规模达 4.64 亿，占网民整体的 44.9%。直播电商用户的消费习惯正在逐渐形成。直播电商不仅改变了人们的消费方式，还为更多的人创造了新的就业或创业机会。智联招聘数据显示，2021 年第三季度直播行业招聘职位数同比增加 11.72%，高于全平台岗位增幅的 6.82%。与此同时，有关部门对“带货”主播这一职业给出定义：直播销售员。这一新职业在被官方认可的同时，也对从业者的专业水准提出了新的要求。直播营销话术便是直播营销入门和进阶的必修课。

## 1.1 直播营销与直播营销话术

如今直播热潮影响到各行各业，直播作为一种全新的互联网内容表现形式，深受人们喜爱。直播营销就是企业/品牌商以直播平台为载体，以提升品牌影响力和增加商品销量为目的进行的一种营销活动。

在直播营销过程中，主播的话术水平直接影响着直播间商品的营销效果。直播营销话术是商品特点、功效、材质的口语化表达，是主播吸引直播间用户停留的关键，也是促成商品销售的关键，所以直播营销话术的设计与运用至关重要。

### 1.1.1 直播营销概述

直播营销作为一种新兴的网络营销手段，其表现形式更加立体，实现了与用户的实时互动，场景更真实，营销效果更直观。

#### 1. 直播营销的特点

直播为企业/品牌商带来了新的营销机会，直播营销的特点具体表现在以下七个方面。

（1）互动即时

传统的营销方式通常是由企业/品牌商发布营销信息，用户被动地接收信息。在这个过程中，企业/品牌商无法立刻了解用户对营销信息的接收情况和态度。

直播具有良好的互动性。在直播过程中，企业/品牌商在向用户呈现营销信息的同时，用户可以实时参与互动。这样既有利于增强用户的参与感，又调动了直播间的氛围，针对某些话题甚至可以形成意向用户、围观用户以及企业/品牌商三方之间的强烈互动，真正实现企业/品牌商与用户之间、用户与用户之间的深度互动，实现营销效果最大化。

（2）场景真实

在营销活动中，提供真实、高质量的商品是企业 / 品牌商赢得用户信任的第一步。在传统的营销方式中，无论是图文式广告，还是视频类广告，虽然都制作精良，极具吸引力，但是有些用户往往会对其真实性存在质疑，因为它们都是提前制作好的，经过了大量人为的剪辑和处理。

而通过直播的形式，企业 / 品牌商不仅可以展示商品的生产环境、生产过程，让用户了解商品的真实生产过程，获得用户的信任，还可以展示商品的试吃、试玩、试用等过程，让用户直观地了解商品的使用效果，从而刺激用户的购买欲望。

（3）参与便捷

与传统电视直播相比，网络直播所需的设备器材简单，操作也更加简便。企业 / 品牌商只需通过相应的网络直播平台审核，便能开通属于自己的直播间。这大大降低了直播门槛，提升了用户参与直播的积极性。如果企业 / 品牌商的主播选用一些高端设备，在信号精度与呈现的画面质量上能给予用户更好的直播体验，就可以吸引更多的流量。

（4）内容多样

随着直播的发展，直播营销的内容越来越丰富多样，有才艺展示类、探店旅游类和聊天类等。才艺展示类直播是指主播通过在镜头前的自我展示，与用户进行实时互动，满足用户的审美需求，从而刺激用户购买商品。探店旅游类直播则能带领用户欣赏各地的美景与美食，引导用户消费。聊天类直播则十分普遍，主播通过一些用户感兴趣的话题，拉近与用户的距离，把用户留在直播间。

（5）效果直观

用户在线下购买商品时，容易受到外部环境的影响。而在直播活动中，主播对商品的现场展示和介绍，以及直播间内很多用户争相下单购买的氛围，很容易刺激其他用户下单购买商品。在直播过程中，直播运营团队可以看到直播间的实时数据，了解直播间商品的售卖情况，及时掌握直播活动的营销效果。

（6）主播占主导地位

网络视频直播平台的用户分为两种，一种是开通了直播权限进行直播的主播，另一种是观看直播的普通用户。直播营销中，主播进行直播的主要目的是销售商品。主播与传统的销售人员类似，又有所区别。同样是为用户服务，传统的销售人员在团队中的地位并不高，在某种程度上还会受到管理人员的约束。

而主播的自主性、能动性更强。一方面，部分主播可以决定供货方要销售的商品，为供货方输出直播内容，帮助其吸引流量，销售商品；另一方面，主播通过直播输出内容，与用户建立情感联系，向用户分享商品，引导用户做出购买行为。主播在直播营销产业链中的位置如图 1-1 所示。

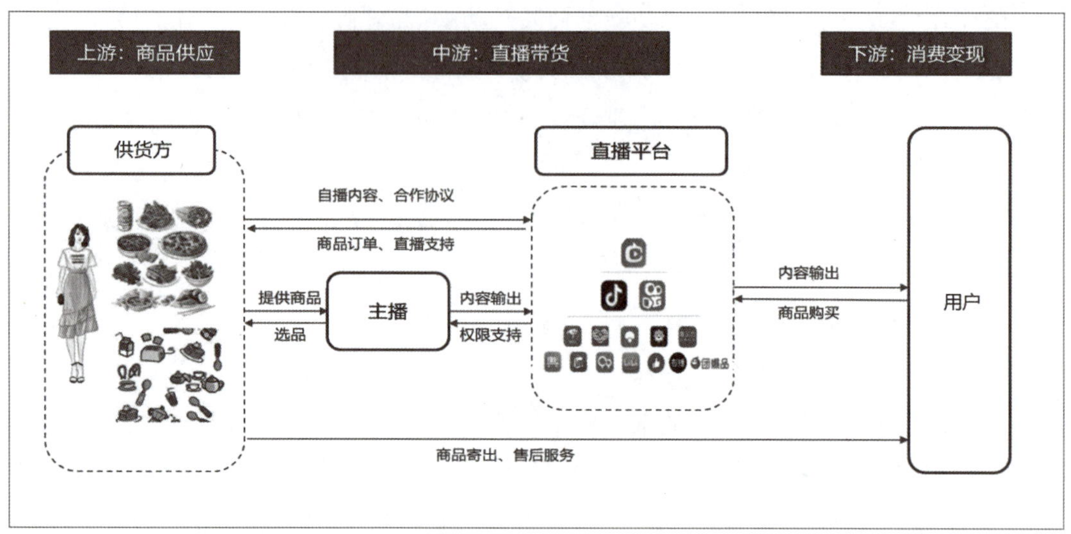


图 1-1 主播在直播营销产业链中的位置

（7）“一对多”交流

主播是直播营销网络上的一个节点，如同通信行业的网络节点一样。传统的销售人员与用户是面对面沟通的，相当于通信中的“单播”（Unicast），信息的接收和传递只在两个节点之间进行。

直播营销则属于“多播”（Multicast），即多点广播的范畴。沟通形式从销售人员“一对一”的面谈变成了主播“一对多”的屏幕前交流。直播营销不仅减轻了相关人员解答售前咨询的负担，而且提高了营销效率。

### 2. 直播营销的发展趋势

随着 5G 时代的来临，直播营销呈现出以下发展趋势。

（1）直播营销成为消费增长新引擎

中国互联网络信息中心（China Internet Network Information Center，CNNIC）发布的数据显示，电商直播用户规模（截至 2021 年 12 月）达 4.64 亿，占网民整体的 44.9%。另有数据显示，2020 年，直播营销交易规模超万亿元，年增长速度为 142%，而市场渗透率仅为 8.6%。从某种程度上来说，直播营销是目前用户增长速度最快、增长规模最大的网络营销方式，仍然具有巨大的市场空间和增长潜力。

（2）直播营销建立城市发展新赛道

直播营销的热潮也引起了不同城市间的竞争，各地（如北京、上海、广州、杭州等）纷纷出台了与直播电商相关的产业政策，直播产业园、直播基地如雨后春笋般涌现。它们的建设内容包括短视频直播孵化中心、5G 直播间、产业超级供应链展厅和直播短视频企业聚集区等。另外，还有一些城市打造出了自己的特色，例如“大码女装直播之城”东莞、“美食直播之城”重庆、“女鞋直播之城”成都等。

（3）直播营销成为 5G 时代的新机遇

5G，即第五代移动通信技术，是实现人、机、物互联的网络基础设施，具有高速率、低时延和大连接的特点。随着 5G 时代的来临，网速不再受到宽带网络的限制，主播在移动设备上连接摄像头便可随时直播，直播流畅度、清晰度更高，稳定性更好，用户的观看体验更佳，而直播的成本更低。与此同时，更多的直播新业态也不断产生，直播场地可以是景区、工厂等，直播营销也会涉及更多的领域。

### 3. 直播营销的常见模式

直播运营团队需要根据商品特点等多种因素选择合适的直播营销模式。常见的直播营销模式有五种。

（1）商品分享式直播

商品分享式直播就是主播在直播间讲解和展示商品，起到推荐和分享商品的作用。在商品推荐和分享的过程中，部分主播会加入商品的体验、测评环节，让用户更加真实、全面地了解商品；部分主播会增加才艺表演，丰富直播营销的内容，增强对用户的吸引力。商品分享式直播又可分为特价式直播和砍价式直播。

① 特价式直播

特价式直播是最基础，也是目前比较主流的直播模式。主播通过和供货方合作，在为其获取流量、带来销量的同时，也能够为用户谋取福利。直播运营团队可以直接在直播平台的后台创建订单，并在直播间推出订单链接，让观看直播的用户直接跳转购买。通常来说，该模式营造的氛围好，互动性极强，并且特价商品的价格非常低，很容易促使用户下单购买。

② 砍价式直播

砍价式直播是指主播向用户讲解商品的优点和缺点，同时也告诉用户商品的价值，征询有购买意向用户的意见；在此基础上，供货方报价，主播砍价，价格协商一致后促使用户做出购买行为。在这种模式下，“一货一品”容易造成“抢购”现象，而用户也喜欢围观砍价和成交的过程。

在砍价式直播中，直播间创建的订单可实现“一货一链”。以翡翠为例，主播拿到翡翠单品后，分析它的优点和缺点，主播讲述与供货方的砍价经历，并最终告知用户商品价格，而后主播创建订单链接，用户支付。

（2）商家自播

商家自播指商家组建直播运营团队并注册直播账号，通过直播与用户进行互动，并将用户沉淀至自己的直播账号。商家自播的主播多是商家的导购人员或管理者等自有人员。用户多是品牌的用户，他们对品牌有一定的忠诚度，比较关注品牌的动态。商家依托自身的品牌效应实现私域流量的转化。

在商家自播中，商家可以选择不同的人来做主播，并不要求主播是固定的某个人，所以直播时间一般较长。此外，商家可以根据自己店铺的情况来自由安排直播活动。

这种直播营销模式通常是商家在自己的电商店铺（如淘宝店铺）内进行直播，也是目前的一种主流直播模式。如果用户有购买某种商品的需求，就可以通过观看店铺直播来了解商品的更多信息，在直播间确认商品的真实细节，做出最后的购买决策。

（3）达人直播

达人直播就是邀请行业内的关键意见领袖（Key Opinion Leader，KOL）来对商品进行展示和推荐。KOL 凭借专业能力或个人影响力完成对用户的深度“种草”。这种模式是由达人主播汇聚各类商品来进行直播的。用户对达人主播有较高的信任度，达人主播凭借自身积累的庞大用户群和较强的内容生产能力实现流量转化，直播中所销售的商品品牌较为多样。

达人直播一般没有商品库存，比较适合那些没有直接货源的主播。主播只需和商家做好对接，即可在直播间内销售商品。因此，与商家自播相比，达人直播的直播间内商品上新的速度较快。但是，达人直播在选品上处于被动地位，直播营销的商品一般受限于商家为其提供的款式。

达人直播强调主播本人的 IP 属性，只能是达人本人主持直播，不能换成其他人主持直播。此外，达人直播要求主播有一定数量的用户做支撑，如果没有用户群的支持，达人直播的运营就会比较困难。

从用户的角度来看，达人直播侧重于情感驱动，如果用户喜欢这个达人，就愿意看其直播并购买其推荐的商品，用户容易被达人激发出消费欲望。此外，达人直播强调用户对达人人格的认同，如果用户认同达人的人格，就容易产生情感共鸣，从而购买其推荐的商品。

（4）产地直播

产地直播是指主播在商品的原产地、生产车间等场地进行直播，向用户展示商品真实的生产环境、生产过程等，从而吸引用户购买。产地直播比较适合生鲜类商品的直播，这样能让用户直接了解商品的产地，增强用户对商品的信任。

产地直播可以带给用户更直观的感受，用户对商品的品质也更放心。该直播营销模式的局限在于每天直播的内容都差不多，容易令人厌倦。

（5）基地走播

在新零售“人、货、场”的架构中，基地是“场”。基地和机构一样，是直播生态链上的服务商，连接两个最重要的元素——“人”和“货”。基地更靠近“货”，机构更靠近“人”。基地走播模式中，供应商构建直播基地，主播去基地进行直播“带货”。

基地主要分为 4 种类型。

- 自营型基地——基地自持商品或者从别的工厂、商家收购商品。这种基地的优势在于，其对直播的商品有相对议价权，能够灵活地控制直播节奏。
- 地产型基地——通常是地产商将持有的房产改造成基地，商家以入驻的模式进入，基地从中抽取佣金。这种基地通常主张“服务”，服务主播、服务商家、服务机构，提供直播的配套设施，从而赚取服务费。
- 机构型基地——机构自建供应链，创建属于自己的商品基地。机构型基地以服务商家为主，部分收购商品为机构主播所用。
- 供应链基地——分为两类，第一类是工厂或品牌为了通过直播这个渠道售货，在主播聚集地自建的直播间的集合；第二类是品牌自建直播间，此类供应链基地的直播间数量较多。

### 4. 直播营销的常见平台

直播营销平台有 3 种类型，第一种是电商平台，第二种是内容平台，第三种是社交平台。

（1）电商平台

目前，直播电商平台较多，如淘宝和京东。

① 淘宝

淘宝是较早将直播与电商形式结合在一起的平台之一，具有完善的供应链和运营体系。与其他直播营销平台相比，淘宝平台用户的购物属性强。淘宝直播的商品品类丰富，2020 年之前，女装、珠宝饰品和美妆商品在直播中的占比较高；之后家装、3C 数码、生活电器等高客单价商品的占比明显上升。

淘宝的“头部”主播高度集中，90% 的直播内容来自商家自播，达人主播的直播内容占比较小，因此内容的趣味性和观赏性略显不足。

② 京东

2020 年 6 月，京东与快手宣布共同启动“双百亿补贴”，并在同年 6 月 16 日开展首场促销活动“京东快手品质购物专场”。在电商平台中，京东的供应链优势较为突出，京东直播成为数码类商品新品发布的重要渠道。

（2）内容平台

目前，注重内容的直播营销平台中，抖音和快手颇具代表性。

① 抖音

抖音的娱乐功能和社交属性明显，直播营销可以被视为其短视频业务形态向长视频方向的延伸，短视频对直播有引流的作用。

抖音的主播以经营品牌商品者居多。2020 年，抖音用户最爱购买的三大品类分别是女装、零食和生鲜。抖音的分发机制导致其中心化程度比较高，3% 的视频占据着 80% 的用户播放量。尽管抖音平台中有众多场均观看人数可观的主播，但是进入全平台直播营销销售额 TOP100 的只有 14 位主播，可见抖音的电商直播转化率还有待提升。

② 快手

快手的中心化程度相对较低，“头部”内容约占 30%，因此，快手平台的主播相对分散。快手直播营销的商品以高性价比、非品牌商品居多，以食品、土特产、服装等为主，用户购买的渠道包括快手小店、有赞、淘宝、京东等。

（3）社交平台

目前，具有社交特色的直播营销平台也不少，如微信和微博。

① 微信

2020 年，微信视频号上线直播功能，打通小商店，同步实现直播营销功能。微信视频号是基于私域流量建立的，主播进行直播营销时可以自主运营，无须支付费用，同时可以通过朋友点赞等方式进行广域传播，从而更好地利用微信的流量资源。

② 微博

作为直播营销领域的后来者，微博借助名人的影响力打造和其他平台不同的直播营销模式。主播借助微博不仅可以营销商品，还可以把娱乐内容的优势与直播结合起来，进一步发挥直播的作用。目前，主播可以将微博直播的流量导入微博小店，或者导入淘宝、有赞、京东等第三方平台。

### 1.1.2 直播营销话术概述

直播营销活动离不开直播营销话术，特别是对新手主播而言，直播营销话术能够帮助主播更好地销售商品。主播掌握直播营销话术，能够提升自身的“带货”能力，不断提升自身的商业价值。

#### 1. 直播营销话术的定义

直播营销话术是主播在直播营销过程中说话的技巧和方法的总称。它并不是固定的直播讲话模式，不能直接套用，而是要求主播根据个人风格定位、商品属性特征及用户需求特点等进行灵活变换、恰当表达。

主播只有灵活运用直播营销话术，才能吸引用户驻足直播间，进而激发用户的购物热情，促使用户完成下单行为。

#### 2. 运用直播营销话术应具备的能力

与人们面对面交流不同，主播需要运用直播营销话术，从镜头感、语音、语调、语速、肢体语言、情绪等方面潜移默化地影响用户。一个镜头感强的主播通常在商品讲解时能更加生动、自然，其表情、肢体语言能被镜头以最佳角度记录，从而吸引更多的用户关注。

主播为了更好地运用直播营销话术，应具备以下几种能力。

（1）商品讲解能力

主播需要熟练掌握行业、专业领域的知识，在直播讲解的时候，能够清晰地介绍商品的基本信息，将商品功能、使用方法有条理地分享给用户，能够在互动中解决用户关于商品的问题，塑造出专业的形象，增强用户信任，从而促进用户做出购买决策。

（2）语言表达能力

主播的语言表达应该清晰，饱含热情，能够体现主播良好的精神状态。语言表达能力是所有主播必备的能力，包括语音、语调和语速三要素，如表 1-1 所示。

表 1-1　主播语言表达能力的构成要素

| 序号 | 要素 | 内容说明 |
| --- | --- | --- |
| 1 | 语音 | 音高、音强、音长和音色。例如，主播吐字不清晰、声音缺乏热情，就会让人感到其精神状态不佳 |
| 2 | 语调 | 腔调、语气和停顿。如果主播说话不停顿、语气不耐烦，就会影响直播营销效果 |
| 3 | 语速 | 音节的长短及连接的紧松。主播的语速要大于 240 字每分钟，但也不能过快 |

（3）个性化影响力

主播要形成自己的个性化话术，促进对自我形象的打造。主播的肢体语言和情绪等都会影响直播营销的效果。因此，主播要熟练使用直播营销话术，既要达到共性要求，也要培养个性化影响力。

## 1.2 直播营销话术的重要性

直播营销话术是主播在直播中使用的有关商品特点、作用或使用效果等内容的口语化表达，对提升直播间商品的营销效果起着至关重要的作用。

### 1.2.1 促进主播与用户双向赋能

直播营销已经从“人与货”的连接演化升级为“人与人”的交流，而直播营销话术是主播与用户实现双向交流的桥梁。

### 1. 主播是意见领袖

意见领袖是大众传播中的信息中介，是人际传播中的活跃人群，是经常为用户提供信息、观点、建议并对他人施加影响的人物。直播营销中的主播实际上就充当了意见领袖的角色。他们快速了解商品的信息，并进行加工处理，通过直播平台将信息传播给用户。主播可以来自任何行业，他们与用户之间的关系是平等的。与传统意义上的意见领袖不完全相同，直播营销中的主播传递的不仅是信息，还有商品。

### 2. 群落化、圈层化趋势加强

主播进行直播营销时与用户之间的互动频率更高。为了活跃直播间的气氛，提高直播间商品的转化率，直播间不定期会有福袋、红包雨、抽奖等活动，以提高用户的活跃度，提升主播的人气，促进用户的聚集。同时，由于不同主播的定位不同，他们营销的商品也会存在差异，不同需求群体会聚集在销售不同商品品类的直播间里，逐渐形成群落化、圈层化的趋势。

### 3. 主播与用户之间的“四流”流动

电子商务中一般包含 4 种基本的“流”，分别是信息流、物流、商流和资金流。在直播营销中，表面上是主播通过话语赋能，促进商品信息流通过直播间影响用户，其实背后还有物流、商流和资金流的流动。用户通过下单购买，完成资金流也就是付款、资金转移等过程，并经过运输、存储、配送等商品和服务的流动过程及一系列交易活动，最终获得商品的所有权。因此，直播营销是主播与用户通过“四流”流动完成的双向赋能过程。

主播不仅是意见领袖，更是一个“可视化的窗口”，在让用户更加了解商品特性、认识商品价值、得到实惠的过程中，扩展商品营销渠道，完成销售转化。

## 1.2.2 充当直播间的黏合剂

主播和用户之间发生“化学反应”的前提，是直播营销平台搭建了一个虚拟的体验空间，并且直播营销话术在其中发挥了黏合剂的作用。

### 1. 直播营销话术下的互动仪式链

“互动仪式”一词由社会学家戈尔曼提出，是指一种表达意义性的程序化活动。戈尔曼把社会生活看成拥有不同资源的个体间的持续不断的谈判，这些个体在社会市场中相互讨价还价，对话和交谈才是社会市场中关键的资源。他进而认为人们的一切互动都发生在一定的情境之中，乃至社会结构的基础就是由互动仪式链组成的。

直播“带货”是借助技术发展而搭建起来的购物新场景，而场景的搭建是互动仪式的基础，这成为直播带货互动仪式启动的先决条件。另外，在直播营销中，用户获得“局内人”的身份，从预备互动者变成仪式参与者，身份感和参与感得到很大的提升，因此归属情绪高涨，对主播的信任度也进一步提升。

#### 2. 直播营销话术下的共在场景

直播营销的特点之一是主播和用户不在同一现场交流。主播与用户在虚拟的直播间中进行交流，互动促使他们产生了情感上的共振，维系了个体意识和在场的体验，从而产生了直播中的两个场景，一个是主播讲述的场景，另一个是用户根据主播的声音形象与肢体语言等信息进行回应而形成的场景。这两个场景共享一套话语体系。

现如今，在变幻莫测的互联网时代，主播只有寻求与用户的共同情感体验，才能在众多的媒介产品中抓住用户的眼球。主播在直播营销的过程中不断与用户进行多方位的互动，使其产生情感共鸣。主播与用户的互动主要体现在主播对商品的介绍、用户对商品的询问等方面，再加上实时弹幕、点赞、转发和“连麦”等功能，在一定程度上连接了双方的情感，而这一切都要依靠主播的直播营销话术来推动。直播营销话术可用于消除地域的差异，实现信息的跨时空交流，成为维系主播与用户的情感黏合剂，使用户在共同情感的驱使之下加快购买商品的速度，增加购买商品的数量。

#### 3. 直播营销话术下的购物体验

用户在直播间购物的行为主要受到商品与直播营销话术两方面的影响。商品方面的影响包括价格优惠、性价比高等，直播营销话术方面的影响体现在主播说明商品价值的同时，还让用户学到新知识，让用户在互动中感到放松与快乐，并在整体火热的直播氛围和周围人的无形带动下完成购物。

据相关调研，用户在直播间购物的原因如图 1-2 所示。

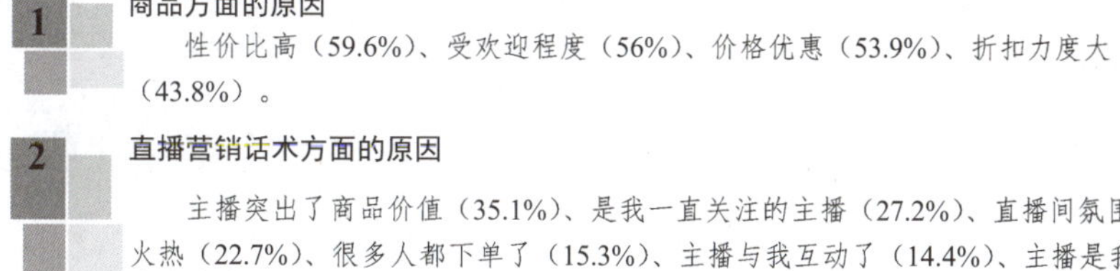


图 1-2　用户在直播间购物的原因

## 1.3 主播入驻要求与直播营销话术规范

一名合格的主播不仅要遵守平台的要求，而且要熟练掌握直播营销话术，在直播中遵守相关的话术规范。

### 1.3.1　主播入驻要求

在不同的直播营销平台上，主播的入驻要求也有所不同。下面介绍淘宝直播、抖音直播和快手直播的主播入驻要求。

### 1. 淘宝直播的主播入驻要求

淘宝直播间的主播有达人主播和商家主播两种身份，平台对两者的要求并不完全相同。

（1）淘宝达人主播

个人申请成为主播，需要具备一定的主播素质和能力，还要事前入驻阿里创作平台成为达人，同时账户状态显示正常。淘宝达人入驻要求如下。

- 通过支付宝实名认证，注册成为淘宝达人，且淘宝达人账号等级达到 L2 级别。
- 拥有较强的控场能力，口齿伶俐、思路清晰，与用户的互动性强。完成身份核实以后，淘宝达人要通过直播平台的内容考核，因此要上传一段自我介绍或其他相关内容的视频，以展现其控场能力、表达能力和现场表现能力。

上传完成后，淘宝达人就可以在后台申请开通直播权限，等待官方审核。7 个工作日后，淘宝直播平台会反馈审核结果。如果通过审核，淘宝达人即可开始直播。

（2）淘宝商家主播

淘宝商家无论是个人店铺还是企业店铺，都可以申请成为商家主播，入驻要求如下。

- 淘宝店铺信用等级须为 1 钻及以上。
- 主营类目在线商品数≥ 5 件，且近 30 天店铺销量≥ 3 件，近 90 天店铺成交金额≥ 1000 元。
- 商家须符合《淘宝网营销活动规则》。
- 商家在本自然年度内不存在出售假冒商品的违规行为。
- 商家在本自然年度内未因发布违禁信息等严重违规行为被扣分满 6 分及以上。
- 商家具有一定的微淘用户量、用户运营能力和主播素质。

天猫商家还必须符合《天猫营销活动基准规则》，具有一定的微淘用户量、用户运营能力和主播素质。

### 2. 抖音直播的主播入驻要求

要想在抖音平台进行直播营销，需要向抖音平台申请直播“带货”权限。申请成功后，用户才能在直播间添加商品链接，通过直播“带货”变现。抖音直播“带货”权限的开通需要满足以下几个条件。

- 年满 18 周岁，完成实名认证。
- 充值缴纳商品分享保证金 500 元。
- 个人主页的视频（公开且审核通过）不得少于 10 条。
- 用户数大于 1000 个。

开通直播“带货”权限以后，主播可使用个人主页商品橱窗功能，在视频和直播中添加并分享商品；使用个人页视频置顶功能；登录达人 PC 管理平台，在 PC 端回复消息、设置私信自动回复、私信自定义菜单、查看账号运营数据、置顶评论等。

#### 3. 快手直播的主播入驻要求

用户在快手申请开通直播权限需要满足以下条件。

- 年满 18 周岁，完成实名认证。
- 快手账号注册时间大于 7 天。
- 用户数大于 6 个。
- 绑定手机号并发布至少 1 条公开视频。
- 当前账号状态良好。
- 作品违规率在要求范围内。

关于实名认证，用户要先上传身份证明信息，如身份证正面、身份证反面和手持身份证的相片（要求身份证照片清晰完整，无任何遮挡，同时避免相片反光）；然后进行人脸识别，最后确认身份证明信息上传成功。

“当前账号状态良好”和“作品违规率在要求范围内”一般都会通过。如果用户的快手账号在近期有过违规行为，系统会提示“账号异常，请恢复再试”或“历史违规作品过多”。因此，用户要遵守平台规范，多发布优质视频，以此来稀释作品违规率，直到满足条件。

### 1.3.2 直播营销话术规范

直播营销话术是影响直播间营销效果的关键因素，主播要从以下两个方面规范直播营销话术。

#### 1. 直播平台对话术的共性要求

直播平台通常对直播营销话术有着共性要求，主要包括以下内容。

- 严禁讨论与社会主旋律相悖的政治话题。
- 严禁使用违禁权威性词语、时限用语、疑似欺骗用户的词语、刺激消费词语、迷信用语、性别歧视用语。
- 严禁播放国家明令禁止的视频、歌曲。
- 严禁刻意发表低俗涉黄言论，引导场内低俗互动，严禁骚扰他人。
- 严禁传播给他人造成损害的不实报道等内容。

直播平台对电商违规场景也有相关的判断要求。违规情况主要包括主播在直播营销中推广假冒商品、走私商品、存在质量问题的商品，超出直播平台允许范围推广商品，以及信息发布不合规，不当使用他人合法权利，商品的服务存在问题等。当然，直播平台对不同行业的直播营销话术也有其特殊的规定。

### 2. 主播个人的话术规范

直播营销话术不是单独存在的，而要与主播的人设、表情、肢体语言，以及现场的氛围和道具使用等关联。因此，主播要提升自身的媒介素养，遵守直播间的礼仪规范，遵守以下话术规范。

（1）话术表达要富有感染力

主播在介绍商品时，语言要尽量口语化，搭配丰富的肢体语言、面部表情等，使整体表现具有很强的感染力，能够把用户带入设置的场景中，让用户感受到商品的真实性，增强用户的信任感，促使用户做出购买行为。

（2）话术表达要灵活、适度

很多新手主播经常把话术作为一种模板或框架来套用，但需要注意的是，话术并不是一成不变的，主播要活学活用，特别是面对用户提出的问题时，要慎重考虑后再进行回应。对于表扬或点赞，主播可以积极回应；对于善意的建议，主播可以酌情采纳；对于正面的批评，主播可以幽默化解或者坦荡认错；对于恶意谩骂，主播可以不予理会或者直接拉黑相关用户。

凡事要掌握好度，不能张口即来，如果主播在说话时夸大其词、不看对象、词不达意，就会引起用户反感。因此，设计话术要避开争议性的词语或敏感性的话题，以文明、礼貌为前提，让表达的信息既能直击用户的内心，又能营造融洽的直播间氛围。

（3）话术表达要配合情绪

新手主播往往缺乏直播经验，可能经常会出现忘词的情况，这时可以参考话术脚本，但要配合饱满的情绪进行有情感地表达，面部表情要丰富，情感要真诚，并加上丰富的肢体语言、道具等。直播就像一场表演，而主播就是主演，演绎到位才能吸引并感动用户。

使用话术时，主播不能表现得过于怯懦或强势。过于怯懦会让自己失去主导地位，变得非常被动；过于强势，自说自话，根本不关心用户的想法或喜好，也不利于聚集用户和增加流量。

（4）话术表达要内容明确

在与用户沟通的过程中，主播要明确自己的表达内容，不要让用户不知所云。

主播要清楚地介绍商品或活动规则。开展直播营销时，主播要清楚地介绍商品的优势和卖点。如果要开展各种活动，主播也须解释清楚活动规则。为了确保用户能够理解这些内容，主播要不时地询问用户是否存在疑惑。当用户提出疑惑后，主播要针对不同问题做出详细的回答。

主播的语言要有逻辑和层次感。主播需要努力增加词汇的储备量，多看看别人的直播，尤其是同领域的直播或一些人气较高的直播；主播要学会提炼语句重点，在说话时适当放慢语速，给用户一些反应时间，也给自己的下一步表达内容留出思考空间；主播在直播间可以运用三段论的方式推荐商品，即说明推荐商品的原因、介绍商品的优势、总结这款商品为何值得购买。

（5）话术表达时，语调富于变化、语速适中

在直播时，主播的语调要抑扬顿挫，富于变化，语速要适中，以确保用户能够听清讲话内容。主播可以根据直播内容的特点灵活调整语速：如果想促成用户下单，语速可以适当加快，用激情来感染用户；如果要讲专业性的内容，语速可以慢一些，体现出权威性；讲到要点时，可以刻意放慢语速或者停顿，以提醒用户注意。

## 【思考与练习】

1. 直播营销的发展趋势是什么？
2. 直播营销话术的重要性体现在哪些方面？
3. 简述主播个人的话术规范。
4. 进入一些直播间观看直播，找出主播存在的话术问题。

# 第 2 章

# 主播进行直播营销的职业进阶

【学习目标】

- 了解直播岗位设置和主播的任职资格。
- 了解直播营销发生机制，掌握直播营销话术的特点和组织方法。
- 了解主播的类型，掌握主播人设的打造。

直播营销话术是新人主播开启直播的第一把“金钥匙”，优秀的主播不仅语言表达流畅、节奏控制得当，还能抓住商品卖点，讲解到位，洞察并满足屏幕前用户的需求。因此，要想成为一名优秀的主播，既要提高专业素养，又要提高媒介素养，从而为自己的直播营销之路奠定坚实的基础。

## 2.1 直播营销的岗位需求

中国互联网络信息中心发布的第 49 次《中国互联网络发展状况统计报告》显示，截至 2021 年 12 月，我国网络直播用户规模达 7.03 亿，同比增长 8652 万，占网民整体的 68.2%。其中，电商直播用户规模为 4.64 亿，同比增长 7579 万，占网民整体的 44.9%。

目前，各行各业纷纷加入直播营销行列，助力地方经济发展。《2020 淘宝直播新经济报告》显示，近 3 年直播营销的成交增速超过 150%，覆盖全球 73 个国家和地区。《抖音直播助力经济复苏白皮书》中也提到，5G 技术的发展促使直播购物成为用户常见的生活方式之一，社会对直播营销人才的需求大幅增加。

### 2.1.1 直播岗位设置

要想在直播营销中取得良好的营销效果，组建直播营销团队是很有必要的。团队中的人员各司其职，才能轻松应对直播营销中遇到的各种问题。直播营销团队主要包括主播团队和运营团队。

#### 1. 主播团队

主播背后通常有一个强大的团队，即主播团队。主播团队是直播的最终执行方，其工作内容是展示商品，与用户互动。除了直播以外，主播团队还要进行复盘、信息反馈，以优化和提升直播效果。主播团队主要包括主播、副播和助理。

（1）主播

主播是整场直播的核心人物，需要具备较强的综合能力。主播不仅要完成日常直播，还要直接或间接地为直播营销的效果负责，主要工作有提前熟悉直播间商品的信息，拍摄直播间需要的相关视频，直播时要完成规定的“吸粉”、转化、成交指标。

（2）副播

副播主要是与主播配合，向用户介绍商品的基础功能、优惠信息，直播间规则，促销活动，以及补充商品卖点，引导用户购买，活跃直播间的气氛等。

（3）助理

助理负责配合直播间的所有现场工作，包括调试灯光设备、摆放商品、控制直播间节奏等，有时也承担副播的工作。

### 2. 运营团队

运营团队主要包括编导人员、运营专员和招商选品专员。

（1）编导人员

编导人员主要负责直播的内容策划工作。从狭义上来说，编导人员主要负责直播间脚本的撰写、直播活动的选题策划及活动现场视觉效果的统筹等。从广义上来说，编导人员除了负责直播的内容策划，还要拍摄短视频，进行创意广告脚本的策划，以及跟进这些内容后续的制作和成片过程。

编导人员要具备深度挖掘内容的能力，基于账号优势可以进行直播节点的策划，能说能写，有创新精神。剧情类短视频对于打造主播人设、促进直播营销转化有积极的作用，因此编导人员还要具备撰写短视频的故事梗概、大纲和开发原创全集剧本的能力。

（2）运营专员

运营专员主要负责直播间直播计划的制订、执行及效果分析，日常工作包括每日直播商品的对接与排期的执行，制订直播间商品促销方案，把控直播节奏，配合主播完成直播营销目标，组织和执行官方活动；进行直播平台的内容建设，优化直播内容，增加直播间的粉丝在线人数，提高粉丝活跃度、粉丝留存度，增强粉丝黏性，并处理粉丝的咨询、投诉、建议、反馈，做好粉丝维护工作；收集、统计和分析直播间不同周期的数据并进行总结，对直播间的销售转化率、商品动销率等数据指标负责。

运营专员需要具备的核心能力是全案运营的能力，因此应聘者需要具备多任务管理统筹能力、沟通协作能力和团队合作精神。运营专员要具有基本的数字营销知识，还要熟悉不同直播平台的规则、基本操作和流程，时刻关注直播机制的政策，同时监测竞争对手的直播情况，保证直播计划的有效执行。

（3）招商选品专员

招商选品岗位是一个负责直播间商品供应的关键岗位。招商选品专员，顾名思义就是帮助主播进行选品的招商部门人员，负责直播间各类目的招商计划制订和商家运营管理工作，具体包括前期直播间商家招募、合同签订和客户关系维护，直播中商品对接、促销政策协调、直播间商品更新与跟进主播处理各类突发事宜等。

一般而言，从事这个岗位的工作人员要具备有效的沟通技巧与良好的谈判能力，能帮助主播与重点客户开展谈判和做好新客户拓展工作，制定年度商品运营策略，优化购物路径，保障各类商品在日常销售中的良性运营，并对相应的关键绩效指标（Key Performance Indicator，KPI）负责。

招商选品专员要对主播介绍的相关商品有较为深入的了解，有过线下导购经验、网店运营经验，或者从事过招商选品工作的人员更具优势。例如，直播间主营家居生活商品，新专员如果有家纺、小家电等日用百货类商品的柜台导购经验，一般能够很快开展该岗位的工作。从长期来看，招商选品专员还需要对时下行业的发展趋势、行业新品、行业内主推款商品等有一定的洞察力。

### 2.1.2　主播

在直播营销中，主播是商家或企业联系用户的桥梁，是直播的最终执行者。主播的各种表现在很大程度上决定着直播营销的效果。

#### 1. 主播的岗位职责

岗位职责指一个岗位上的人员需要完成的工作内容及应当承担的责任，包括岗位和职责两个部分。岗位是组织为完成某项任务而设立的，职责是职务和责任的统一。岗位职责一般由工种、职务、职称和等级等元素组成。主播的岗位职责具体如下。

（1）介绍商品

主播要有耐心和责任心，能快速掌握商品信息，挖掘商品卖点，提炼讲解内容，提升直播的整体效果，提高转化率；负责在指定平台（如淘宝、抖音、拼多多等）进行商品销售，精准提炼商品卖点，完成直播。

（2）与用户互动

主播根据排期负责直播平台的直播营销工作，为用户答疑，进行促销活动讲解，提供商品使用建议，促成用户购买。

（3）其他工作

主播要配合公司各平台的账户定期策划、组织各种活动，并且拍摄短视频；统筹直播间的内容规划，包含直播间的互动方式、直播内容呈现的方式等。

#### 2. 主播的任职资格

任职资格是指为了保证工作目标的完成，任职者需要具备的知识、技能、能力等，主要由两部分组成：行为能力与素质要求。行为能力主要是一些硬性要求，如学历、专业、相关的工作经验；素质要求则是指一些软性条件，如热爱直播行业、对某品牌具有强烈的兴趣，以及开朗、外向、喜欢在镜头前表现自我等。

对于主播而言，直播营销话术既是硬性的行为能力，也是软性的素质要求。例如，有的公司在招聘美食主播时要求其有普通话水平测试等级证书（这是一个硬性要求），同时要求其发自内心地热爱美食，并能通过镜头将这份热爱传递给用户，促使用户下单购买商品（这就属于软性要求）。常见的主播任职资格包括以下几个方面。

（1）具备一定的学历

公司虽然在招聘信息上要求主播拥有大专及以上学历，但更看重主播的行业背景和基本素质。目前，拥有市场营销、电子商务、广告设计、影视传媒等专业背景的主播更受欢迎，但具体的专业要求取决于直播营销的类型。例如，携程旅行作为一家提供酒店和机票查询、预订、点评等服务的在线旅行服务公司，在招聘主播时，将任职资格专门设置为“旅游类相关专业毕业生优先”。

（2）掌握与行业相关的知识

主播还要事先对与行业相关的知识有所了解，只有这样才能通过直播平台清晰而准确地向用户介绍行业和商品信息。例如，某服装公司在招聘主播时就提出主播“擅长服装穿搭，会选款，懂面料”的要求。又如，某鞋类公司在招聘广告中写明“优先考虑对鞋类及皮具知识有一定了解的人员”。

（3）具有较强的语言表达能力

主播需要具有较强的语言表达能力。例如，某传媒公司就对教育类主播提出了“具有较强的语言表达能力和现场应变能力”的招聘要求。部分公司还要求主播的普通话水平为一级甲等（普通话水平测试最高等级）。

（4）附加要求

某些公司会对主播提一些附加要求。例如，腾讯要求主播拥有自己的短视频账号，且有一定的粉丝基础；还有的公司要求主播有一定的才艺，能活跃直播间气氛。例如，小罐茶在招聘主播时就提到“主播要拥有独特才艺或特点”。

### 3. 主播的岗位说明书

岗位说明书用于说明主播的聘用要求、考核要求、培训要求等，是用书面形式对主播的工作性质、工作任务、工作职责与工作环境所做的统一要求。淘宝主播的岗位说明书样式如表 2-1 所示。

表 2-1　淘宝主播的岗位说明书样式

| 岗位名称 | | 所属部门 | | 岗位定员 | |
|---|---|---|---|---|---|
| 岗位编码 | | 部门编码 | | 薪酬等级 | |
| 直接上级 | | 直接下级 | | 下级人数 | |
| 工作综述 | | | | | |
| 工作职责 | | | | | |
| 协作关系 | | | | | |
| 岗位要求 | | | | | |
| 任职资格 | 工作知识 | | | | |
| | 工作技能 | | | | |
| | 素质要求 | | | | |
| | 个性品质 | | | | |
| | 职称证书 | | | | |
| | 身体要求 | | | | |
| 职业发展 | | | | | |
| 工作环境 | | | | | |
| 工作时间 | | | | | |
| 使用工具 | | | | | |

#### 4. 主播的职业等级

从职业规划的角度来看，主播可以分为初级、中级和高级 3 个等级。主播的认证等级参考如表 2-2 所示。

表 2-2　主播的认证等级参考

| 直播营销<br>主播等级 | 直播<br>话术 | 法律<br>法规 | 行业<br>知识 | 拍摄<br>剪辑 | 直播<br>应用 | 策划<br>推广 | 用户<br>分析 | 变现<br>转化 | 产品<br>运营 |
|---|---|---|---|---|---|---|---|---|---|
| 初级 | √ | √ | √ | √ | √ | √ | | | |
| 中级 | √ | √ | √ | √ | √ | √ | √ | √ | |
| 高级 | √ | √ | √ | √ | √ | √ | √ | √ | √ |

不同职业等级的主播，其具体的岗位要求如下。

（1）初级主播

初级主播要了解相关法律法规及相关行业知识；熟悉商品包装、直播定位与活动方案设计；掌握直播应用，能够进行商品的拍摄、剪辑和大数据推广；具备直播营销话术的基础知识。

（2）中级主播

中级主播要了解直播电商的生态及发展趋势；熟悉用户分析与用户购物心理分析；熟

练掌握直播营销话术、销售技巧及策略，能够进行实战操作。

（3）高级主播

高级主播要熟悉直播营销的用户变现流程；精通直播营销话术；了解商品矩阵，具有打造“爆款”商品与塑造商品价值的能力；熟练掌握用户运营技巧，能够高效完成直播转化等。

尤其需要注意的是，直播营销话术对于一个初级主播而言是帮助其提升营销业绩的有效工具。同样，对于一个高级主播而言，直播营销话术也是其区别于其他主播的关键元素。

### 5. 主播灵活运用直播营销话术的能力要求

主播要想灵活运用直播营销话术，需要具备一定的能力。

（1）较强的语言表达能力

在开展直播营销时，主播要具备较强的语言表达能力。首先，主播需要注意话语的停顿，把握好节奏；其次，主播的语言表达应该连贯，自然流畅。主播的语言表达不够清晰，可能会使用户在接收信息时产生误解。此外，主播可以在规范用语的基础上发展个人特色，促成语言表达个性化与规范化的统一。

总之，主播的语言表达要具备规范性、分寸感、感染性、亲切感。另外，主播直播时要结合肢体语言。单一的话语可能不足以达到预期效果，那么主播就需要借助动作、表情及眼神进行辅助表达，使语言更具张力。

除了主动讲解商品之外，主播还要做到有效聆听。聆听能体现出一个人的品质，同时也是主播必须具备的素质。主播和用户交流沟通虽然表面上看起来是主播占主导，其实是以用户为主。用户愿意看直播的原因就在于其能与“懂自己”的人进行互动，主播要了解用户关心什么、想要讨论什么话题，就要认真聆听用户的心声和反馈。

主播还要注意把握说话的时机。主播在表达自己的见解之前，必须把握住用户的心理状态。例如，弄清用户是否愿意接受这个信息，或者是否准备听这件事情。如果主播丝毫不顾及用户心里的想法，不会把握说话的时机，那么只会事倍功半，甚至徒劳无功。只有选择好时机，主播才能让用户接受自己的意见，对自己讲的内容感兴趣。

（2）良好的互动能力

在直播过程中，很多主播会遭遇冷场，究其原因，很多时候是他们不知道如何与用户互动。直播营销的目的虽然是销售商品，但直播的过程也非常重要。主播要重视细节，维持好自己与用户的关系，让用户充分感受到自己的真心、用心和耐心。

主播在与用户互动时要注意以下几个方面。

- 感恩。主播要怀有一颗感恩的心，在直播过程中要随时感谢用户，感谢新进入直播间的用户，感谢用户的观看与关注，感谢用户的支持与信任。除了表示感谢之外，主播还要做好细节工作，认真回复用户的弹幕信息，用心维护与用户的关系，提高转化率。

- 乐观。主播要保持积极乐观的心态。在直播过程中，面对那些语言中带有恶意的用户，主播要保持良好的心态，千万不能情绪失控。

主播看到个别用户发送的带有恶意的弹幕信息时，应以良好的心态进行处理，表现出自己的良好素质。这种素质有时候也能让自己成功获取更多用户的关注及赞赏。对于那些带有恶意的语言，主播可以选择不回复，以免产生语言上的冲突；也可以用幽默的语言回复，让用户感受到自己的幽默风趣。

- 低调。主播在直播间面对用户的夸奖或批评时，要时刻保持谦虚、礼貌的态度。谦虚、礼貌会让主播获得更多用户的喜爱，使主播的直播生涯更加顺畅。
- 换位思考。面对用户表达的个人建议，主播可以站在用户的角度去思考，这样更容易了解用户的感受。主播要把握好说话的情景，与用户进行有效沟通。主播还可以通过学习以及察言观色来了解用户。察言观色的前提是心思细腻，主播可以细致地观察用户在直播时及直播中的态度，并进行思考、总结。
- 把握尺度。在直播的过程中，主播要注意把握好与用户互动的尺度，懂得适可而止。如果在开玩笑的时候没有把握好尺度，后果可能很严重。如果主播在直播中不小心说错话，激怒用户，应该及时向用户道歉。主播不能为了蹭热度而发表一些负能量的言论，这样容易引起众怒，甚至遭到平台禁播。

（3）良好的销售能力

在直播营销过程中，想要获得流量、获取用户的关注，主播就需要把握用户心理并且投其所好，这是培养良好的销售能力的重要基础。在直播营销过程中，主播要熟练掌握并能够灵活运用“五步销售法”。

直播营销的“五步销售法”分别为给出理由、分析问题、引入商品、提升高度、降低门槛。

- 给出理由：结合消费场景挖掘出用户的痛点及需求点，给用户一个购买商品的理由。
- 分析问题：分析问题时要做到全面化，把用户容易忽略的问题尽可能地分析出来。
- 引入商品：以解决问题为出发点引入商品。
- 提升高度：详细地讲解商品，并从品牌故事、材质、制作工艺等角度来增加商品的附加值。这一步需要主播结合自身的专业知识及口才，让用户对商品产生一种“仰视”的态度。
- 降低门槛：为用户讲解商品优势和优惠活动，使用户愿意购买且有能力购买，最终促成交易。

## 2.2 直播营销发生机制与直播营销话术的特点和组织方法

直播营销发生机制是指个体受到主播的话术及其他环境影响而引发某种情绪和认知反应，从而产生下单行为的过程。直播营销与线下销售不同，前者是通过直播营销话术引发用户的多感官交互，而后者是通过面对面的交流完成营销活动。因此，主播需要熟悉直播营销话术的特点和组织方法，为开启直播营销工作奠定扎实的基础。

### 2.2.1 基于 SOR 理论的直播营销发生机制

SOR 理论认为用户行为的产生是用户由于受到外界因素刺激而引发某种情绪或认知反应，进而产生趋向或规避消费的行为。

#### 1. SOR 理论下的直播营销逻辑

国外某环境心理学家于 1974 年提出了刺激—机体—反应（Stimulus–Organism–Response，SOR）理论，如图 2-1 所示。

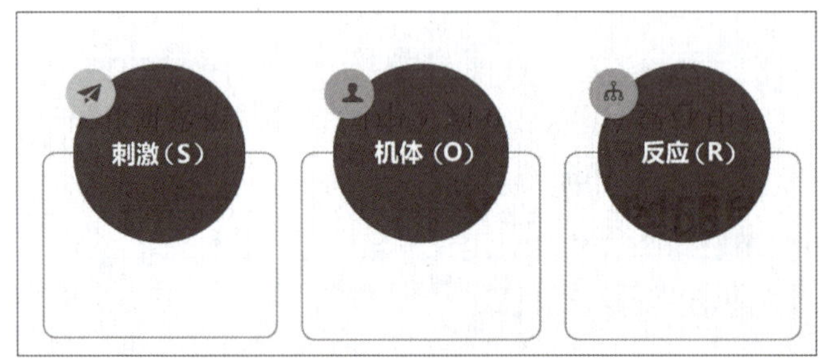


图 2-1 SOR 理论

与过去的用户行为研究更多地关注外在刺激对用户产生的实际效果不同，SOR 理论强调机体自身的反应，包括内心认知感或潜在意识的影响。

直播营销的过程是用户通过感觉系统输入有关信息进行本体感受的过程。直播营销过程中主播的声音、肢体语言等都会对用户的心理和行为产生影响，促使用户产生外在的购买或规避的行为。

#### 2. 营销话术是主要刺激性因素（S）

人们的思想、行为等通常会受到外界因素的影响。直播营销过程中，来自直播间的各种信号刺激会对用户的状态产生影响，进而促使用户产生消费行为。

这种刺激主要源于视觉和听觉。视觉上的影响对于直播营销来说尤为重要。营销过程中的商品可视化主要体现在商品的展示与主播的介绍上。例如，与以图片展示为主的传统电子商务相比，直播的画面更加生动、流畅，用户可以更加全面、立体地观看屏幕上的商品，大大提升了用户的视觉体验。主播在镜头面前介绍商品时，商品的可得性、易用性等展示也会对用户产生视觉上的吸引力，从而促进用户消费。

在秀场直播的 1.0 时代，用户多关注主播的外在形象；而自直播营销 2.0 时代开始，主播的直播营销话术所代表的专业度和情感度发挥的作用越来越重要。传统直播主要调动的是用户的视觉功能，对听觉功能的调动不足。直播营销话术可以充分调动用户的听觉功能，刺激用户的听觉系统，从而提升用户观看直播的参与度和活跃度。

#### 3. 引发用户的多感官交互（O）

用户在线下实体店购物时，通常与销售人员面对面沟通，受到的刺激主要来自购物环境、购物特征和购物氛围等外部客观因素。而直播购物属于虚拟体验，用户在虚拟环境中与主播进行互动。一般而言，虚拟体验中，用户受到的感官因素、知觉因素、刺激反应因素、认知和情感因素、遭遇因素、相对因素等影响更多。

基于 SOR 理论，主播为了唤醒用户的内心体验，需要尽可能引发用户的多感官交互，促使用户产生认知，从而提升用户的直播购物临场感。

#### 4. 唤醒用户的愉悦情绪和购买热情（R）

在直播营销过程中，一名优秀的主播不仅能让用户买到物美价廉的商品，还能让用户收获愉悦、兴奋或快乐的购物感受。主播的直播营销话术在一定程度上能够唤醒用户的愉悦情绪和购买热情。有研究表明，主播的语速、表情等引发用户亢奋的程度，与其购买行为具有相关关系。

基于 SOR 理论的直播营销发生机制如表 2–3 所示。

表 2–3　基于 SOR 理论的直播营销发生机制

| 阶段 | 关键词 | 原理 | 话术策略 |
|---|---|---|---|
| 刺激（S） | 外部环境 | 直播营销的过程是营造外部客观刺激的过程 | 说话的节奏、音量等不断变化，提供持续的刺激 |
| 机体（O） | 多感官交互 | 利用多感官交互提升直播购物临场感 | 尽可能多地调动屏幕前用户的感觉器官 |
| 反应（R） | 情绪性强<br>冲动型、目的型 | 情绪与购买行为具有相关关系 | 在直播间为用户营造愉悦、兴奋或快乐的购物氛围 |

总之，基于 SOR 理论的直播营销发生机制是指用户受到主播的直播营销话术的持续刺激，触发了多感官的交互作用，从而在直播中获得了购物的临场感和愉快、兴奋的购物感受，引发了冲动型（或目的型）的下单行为。

### 2.2.2　直播营销话术的特点

主播的直播营销话术主要有以下特点。

### 1. 主播赋予直播营销话术真情实感

公司在招聘信息中通常会对主播提出“能够活跃气氛、擅长沟通”等要求。主播首先要做好与用户的互动，投入真实的情感，做好沟通工作。尽管主播在营销商品的选择、营销方式的使用等方面都拥有较多的自主权，但是直播间的用户黏性和用户停留时长受到多种因素的影响。为了提升直播间的营销效果，主播需要付出真情实感与用户沟通，通过直播营销话术影响用户的情绪与认知。

### 2. 主播通过直播营销话术引发用户的感官交互

触觉是用户对商品的一种直接体验。现实生活中，触觉是用户挑选商品的一个关键考虑因素，直播间中的用户则是根据主播的声音表现力来“体验触觉”的。因为在日常生活中，人的视觉、听觉、触觉、嗅觉、味觉往往可以彼此打通或交互，眼、耳、鼻、舌、身各个官能的领域可以不分界限。

结合直播营销来说，由于用户的感官具有交互整合功能，视觉和听觉可以补偿、产生和转换一部分触觉感知，主播描述商品时，用形象的语言使用户的感觉发生了转移，调动了用户的触觉，从而成功打消用户的疑虑，促使其下单购买商品。其具体过程如图 2-2 所示。

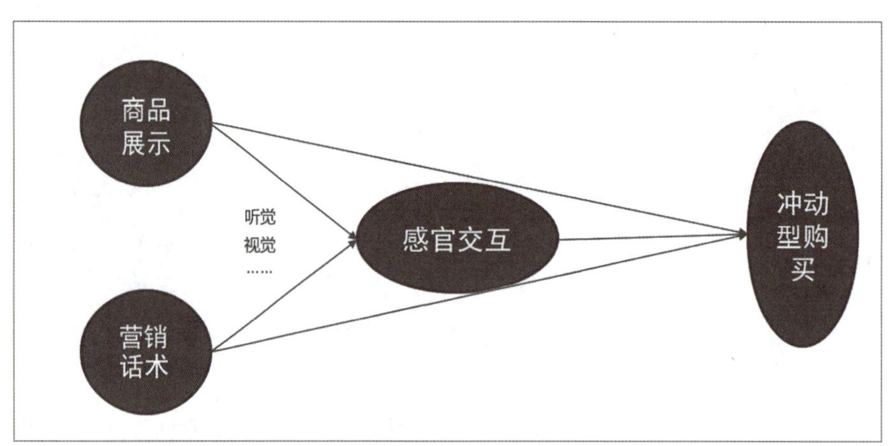


图 2-2 引发用户感官交互并达成交易的具体过程

### 3. 主播通过直播营销话术增强圈子黏性

语言作为一种社会现象，区别于其他社会现象的本质特点在于，语言是一种社会交际工具。主播运用直播营销话术进行商品介绍，不仅能引发用户的多感官交互，还能使用户形成一种“想象的共同体”的认知。尽管用户普遍具有匿名性等特征，但是他们进入某一主播的直播间，就进入了虚拟网络中一种人为设定的具体的时空领域，从而拥有了特定的身份，在虚拟网络中形成了一种与其他群体区分开来的群体认知，这直接影响到用户的参与程度和对主播的忠诚度。

每一种群体组成特定的圈子，要增强圈子的黏性，主播可以从以下 3 个维度来考虑：一是进行普适性的商品讲解；二是针对不同的目标用户发送不同的营销信息；三是通过弹幕信息反馈，与用户进行一对一的互动交流。

#### 4. 主播通过直播营销话术营造购物仪式感

主播需要通过直播营销话术为用户营造一种购物仪式感，这种仪式感在互联网直播中随处可见。例如，“围观”“礼物”“种草”“福利”等词在直播中出现的频次很高，有的还成为主播人设划分的重要依据。使用这些带有一定仪式感的用语，目的在于唤起用户的注意力，使用户形成习惯性的条件反射。例如，主播在捕获用户的注意力后，又会巧妙地使用“只有 5000 份，卖完就没有了”“我自己也会用”这样的语句来强化用户的关注度，从而促成用户下单。

### 2.2.3 直播营销话术的组织方法

主播在直播营销过程中常使用以下方法来组织直播营销话术。

#### 1. 介绍法

介绍法是指主播在直播时可以用一些生动形象、有画面感的话语来介绍商品，以达到说服用户购买的目的。介绍法主要包括 3 种方法，分别为直接介绍法、间接介绍法和逻辑介绍法。

（1）直接介绍法

直接介绍法是指主播直接向用户讲述商品的优势和特色，从而劝说用户购买的方法。这种方法的优势是节约时间，直接让用户了解商品的优势，省去不必要的询问过程。

例如，某款服装的材质非常轻薄，特别适合夏季穿着，主播可以直接介绍这款服装的优点，或者在直播间标明可以使用的消费券信息，以吸引用户购买。

（2）间接介绍法

间接介绍法是指主播向用户介绍与商品相关的其他事物，从而衬托商品本身的方法。例如，主播想向用户介绍服装的质量，却从介绍服装的做工、面料出发，侧面体现服装的质量过硬。

（3）逻辑介绍法

逻辑介绍法是指主播采取逻辑推理的方式，说服用户购买商品的方法。例如，主播在介绍衣服时说：“用喝几次奶茶的钱就可以买到一件漂亮的衣服，你肯定会喜欢。”这就是一种较为典型的逻辑介绍法，说服力较强。

#### 2. 赞美法

赞美法在直播营销中较为常见，因为每个人都喜欢被称赞，喜欢听到他人的赞美。被赞美的人很容易情绪高涨，心情愉悦，做出购买的行为。

赞美法的常见运用方式为首先根据对方的表现称赞他的优点，然后提出希望对方改变的方面，最后重新肯定对方的整体表现。通俗来讲，就是先褒奖，再说实情，最后总结出优点。

在直播中，主播可以通过赞美法来组织营销话术。例如，当用户担心自己的身材不适合穿某条裙子时，主播就可以对用户说："这条裙子对身材要求不高，大家都可以穿，而且这条裙子非常时尚，你不如尝试一下，改变一下往日的风格，让自己的面貌焕然一新。"

### 3. 强调法

强调法就是主播不断地向用户强调某款商品有多好，多么适合用户，类似于"重要的话说三遍"。

主播想大力推荐一款商品时，就可以反复地强调这款商品的特点，并营造商品的使用场景。在这种氛围下，用户很容易受到感染，然后很有可能就会下单。主播在"带货"时，可以反复强调此次直播商品的优惠力度，如限时五折、超值优惠、购买即送其他某款商品等。

### 4. 示范法

示范法又称示范推销法，要求主播把要推销的商品展示给用户，从而激发用户的购买欲望。不管是商品的陈列摆放，还是模特展示商品的试用、试穿、试吃过程等，都可以称之为示范推销法。

直播营销的局限性在于用户无法亲自体验商品，而主播的重要作用就是代替用户来对商品进行体验。在用户看来，主播更加了解商品，由他代替自己体验商品，也具有一定的可信度。

（1）展示商品

展示商品的目的是希望达到一种让用户亲身感受商品优势的效果，同时通过商品优势的展示来引起用户的兴趣。目前的直播营销大多采用这种方式，主播会对商品细节进行展示，如试吃美食并评价食品的口感等，如图 2–3 所示。

（2）讲解商品

在进行直播营销时，主播要善于演示和讲解产品。主播在亲自使用商品时，要边展示商品效果边进行讲解，使用户产生通感或联想，从而下单购买。图 2–4 所示为主播试穿服装。

图 2-3　主播试吃食品

图 2-4　主播试穿服装

## 2.3 主播的类型与人设的打造

随着直播营销的发展，主播的类型越来越多。在进行直播营销活动时，不同类型的主播，其直播风格也不同。主播通常会利用具有个人特色的直播营销话术来提升直播营销的效果。主播只有找准自己的直播风格，并与营销商品相匹配，才能在用户群体中形成一定的辨识度，这是成为一名出色主播的必备条件。

### 2.3.1 主播的类型

主播的类型有很多，主要包括以下几种。

#### 1. 搞笑型主播

搞笑型主播的背后通常有一个直播团队，直播团队成员有不同的角色分工。直播团队平时通过拍摄短视频或者在直播间与用户互动的方式，增强用户观看直播的黏性，优化用户的观看体验。

搞笑型主播有夫妻搭档、家庭老少搭档等不同类型。例如，短视频账号"祝晓晗"，通过发布风格轻松、幽默的家庭生活短视频，赢得了不少用户的喜欢。其实，短视频中的两人并非真实的父女关系，只是同一家多渠道网络（Multi-Channel Network，MCN）机构的演员。他们不仅分别运营各自的短视频账号，还一同开展直播互相引流，塑造的网络人物关系深入人心，如图 2-5 所示。

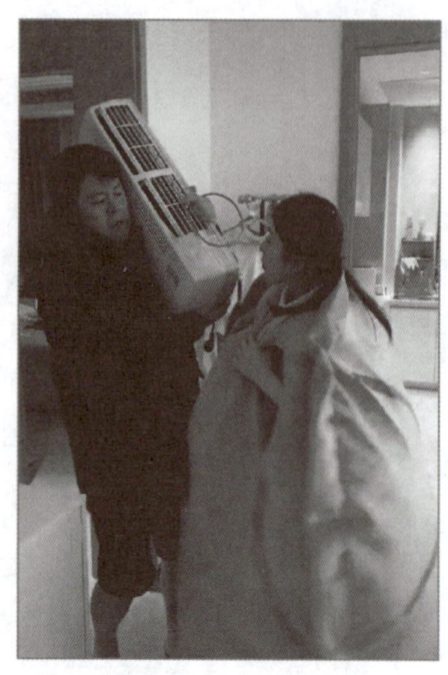

图 2-5 搞笑型主播

### 2. 才艺型主播

才艺型主播是指拥有一定的才艺，通过在直播间表演才艺吸引用户的主播。这种类型的主播本身具有一定的技能，如擅长书法、绘画、插花、陶艺等。

例如，某主播本身就是一位音乐人，他擅长创作音乐，先后发表过 6 张个人专辑，在抖音平台上也发布了上百条唱歌短视频，吸引了很多歌手与其合作。又如，某才艺型主播，他擅长用 5 倍甚至 10 倍的语速翻唱一首歌，唱歌没有杂音且不跑调，他的首场直播持续了 7 个小时，其间销售了 59 种商品，商品销售额近 1500 万元。

直播营销的发展也带动了线下娱乐产业的转型升级。2020 年 2 月 4 日至 8 日，哔哩哔哩通过线上直播“宅草莓不是音乐节”吸引了很多歌手参与演出。抖音平台推出过“云蹦迪”等才艺直播活动，快手平台推出过线上直播“云趴音乐周”，还鼓励线下实体门店入驻平台开启直播，这些活动掀起了一股线下才艺型主播转战线上的直播热潮。

### 3. 商品型主播

商品型主播即“带货”主播，他们通常以销售垂直品类的商品为主，而且对人设要求较高，需要人设与商品相统一。

例如，某美食主播在讲解商品时非常专业，有很强的互动性。该主播原本是某电视台购物频道的主持人，具有一定的表达基本功和美食知识，开展直播后继续深耕美食领域，不到一年半的时间就收获了 40 多万的粉丝。在 2019 年 5 月 17 日首次直播活动中，她成为粉丝破百万的美食主播。对于一款方便面，她通过 10 分钟的讲解，就销售了 3000 包。

除了餐饮行业，服装行业也是直播营销的重要垂直细分领域。很多主打“穿搭型”的主播巧妙地将个人风格与商品定位有机地结合在一起，取得了很好的营销效果。

#### 4. 情感型主播

情感型主播主要通过问答的方式开展直播活动。与商品型主播相比，情感型主播对话术的要求较高，直播营销的难度也更大。

例如，某情感型主播“知心 ××”，她的定位是知心大姐，主要通过直播形式进行情感咨询。正如她在自我介绍中提到的“我是一名家庭情感咨询师，如果您有婚姻情感的困惑、烦心事等，可走进我的直播间，‘连麦’诉心声。我将陪您谈心，做您忠实的聆听者，帮您分析”。类似的情感类主播还以“听别人的故事、反思自己的人生”为定位，在直播现场与用户连线，探讨情感纠纷问题，并在直播间隙进行商品营销。

#### 5. 专家型主播

专家型主播是指以“专业解读 + 直播售卖”的方式为主进行商品营销的主播。这类主播目前主要存在于教育行业，他们以书籍推荐、故事讲播和图文小说连载的形式输出原创内容。如今也有传统手工、医疗等不同行业的人士加入专家型主播的行列。

据悉，快手已拥有约 2.2 万个读书品类创作者，覆盖了 200 多家出版社、100 多家书店及 1 万多名读书达人。直播或将成为继实体书店、网络书店之后的第三种图书销售渠道。例如，“樊登读书”创始人樊登曾在直播间推荐新书《樊登讲论语：学而》，最高在线人数超 900 万，7 万余册图书被一抢而空，销售额超 500 万元。

### 2.3.2 主播人设的打造

直播的快速发展吸引了无数主播纷纷加入直播行业。要想成为一名有知名度、辩识度的主播，必须打造好自己的人设，利用人设增强个人魅力，从而增加直播的记忆点，提升直播的话题度，加深用户的记忆。

人设是指人物设定，主播的人设指主播结合用户喜好，按照市场需求与个人发展方向打造出来的形象，包括主播展现给用户的一切内容。打造主播人设可以让用户在脑海中迅速形成一个既定的印象或标签，进而关注主播，成为主播的粉丝。主播只有打造好自己的人设，才能被更多的用户发现、了解并喜欢，让自己在众多主播中脱颖而出，在直播行业中发展得越来越好。

主播人设的打造可以按照以下步骤进行。

#### 1. 精准定位

人们对于陌生人的初次印象往往是不够深刻的，并且存在一定的差异性。主播人格魅力的产生很大程度上源于用户对主播的外貌、穿衣打扮、说话声音等形成的一种固有的印象。

一个精准的主播人设可以拓展直播的受众面，吸引对直播内容感兴趣的用户。精准的人设即提到某一行业或内容时，用户就会想到某个具体的人物。而主播要做的就是在学习他人成功经验的基础上，打造自己的精准人设，让自己拥有鲜明的人设标签，树立起独特的人设形象。

主播在打造人设时，找准自身定位很关键。只有确定好自己的人设类型，满足目标用户的需求，才能激发用户的观看兴趣，刺激用户持续关注直播内容。

需要注意的是，主播确定自己的人设定位时应以自身的性格为核心进行延展深化，这样便于之后的持续经营，同时也能提升用户对主播人设的信任度。主播要进入合适的细分领域，找到适合自己的发展方向，可以从以下两个方面进行定位。

（1）才华天赋

才华天赋决定着主播的擅长领域，主播只有找到能够尽情施展自身才华的领域，才能更快地取得成功。

（2）经验积累

一个主播只有在其所处领域积累了足够多的专业知识和经验，才能达到较高的水平，输出更多的内容。一分耕耘，一分收获，主播在打造人设时要投入很多的时间和精力，一般来说，投入的时间和精力与获得的影响力呈正相关关系。

#### 2. 增设标签

打造人设的关键是让自己和其他主播明显区分开来，所以主播在打造人设时要注意避免与同年龄、同类型的主播拥有过多的相似点，而应增设自身人设标签，这样不仅能突出自己的特点，而且便于用户搜索和区分。主播一旦有了一定的影响力，就会被所关注的用户贴上一些标签，当用户听到某个标签时，会不由自主地想到主播的名字，进而想到其典型形象特点，如严谨、活泼、可爱等。

主播可以根据自身特点找到一些能够代表自身形象魅力和特色的标签，如“邻家小妹”“知心姐姐”等。主播可以试着把符合自身特点的人设标签体现在自己的账号名称和直播标题中。一旦有人在直播搜索栏中搜索相关的标签，就有可能搜索到主播的账号。

#### 3. 差异化运营

主播要想打造独特的人设，需要进行差异化的直播运营，找到自身拥有的与众不同的新颖点，然后不断地进行展示和强化，从而吸引更多的用户关注，给用户留下深刻的印象，提升商品的直播营销效果。

例如，“邻家小妹”的人设形象一般是外表可爱、声音甜美，这类主播在打造自己的人设时，可以通过饰品（如草帽、发带）、发型（如马尾、丸子头）、衣着、声音等来体现自身的人设形象。

#### 4. 塑造整体形象

主播要想成功地打造人设，还要注意整体形象的设计。只有塑造出良好的整体形象，才能被更多的用户喜欢。塑造整体形象时，主播要注意外在形象、内在形象和言谈举止。

（1）外在形象

主播要注重外在形象的塑造，可以请设计师根据自己的气质为自己设计形象。

（2）内在形象

主播不仅要打造良好的外在形象，还要注重内在形象。只有拥有正确的价值观，为网络带来正能量，主播才能为社会做出更大的贡献。主播如果不注重正面形象的维护，不仅会受到用户的抵制，还有可能被平台封禁。

（3）言谈举止

言谈举止也是影响主播人气的重要因素，在直播“带货”的过程中，主播要保持微笑，耐心讲解商品，同时注意自己的行为举止，做到动作文雅。

## 【思考与练习】

1. 主播的岗位职责是什么？
2. 直播营销话术的特点有哪些？
3. 主播的类型主要有哪几种？
4. 请列举一位你喜欢的主播，谈谈其人设特点及打造人设的过程。

# 第 3 章

# 以“人”为中心的直播营销话术

【学习目标】

- 明确直播营销过程中主播的身份定位。
- 了解选择达人主播的原则。
- 了解商家自播对主播的要求。
- 掌握主播的直播营销流程话术。

在开展直播营销之前，主播需要做好自己的身份定位，解决好“为谁直播”的问题。商家是培养自有企业的专业人才转型做主播，还是从外部寻找已经有一定粉丝流量基础的达人主播，这是两种不同的路径，其直播特点也不同。主播运用以“人”为中心的直播营销话术，要点在于掌握在直播营销中的身份定位，发现和发挥自身的优势，形成独具特色的直播营销话术风格。

## 3.1 主播的身份定位

主播是直播营销过程中的主角，是连接商品与用户的桥梁。一场直播营销活动中，主播的身份定位不同，运用的直播营销话术也不同。在淘宝直播营销过程中，商家参与的路径主要有两种，一种是商家寻找达人进行直播营销，即达人主播；另一种是商家通过自播的方式进行直播营销，即商家主播。

### 3.1.1 达人主播

在达人直播过程中，达人主播本身就是公众人物，其首先要有正确的价值观，才有可能成为商家选择合作的对象。在选择达人主播时，达人主播的直播营销特点与商家商品的匹配度是商家需要考量的关键因素。

#### 1. 达人主播的定义

达人直播是由达人主播汇聚各类商品来进行直播的方式。达人主播包括“素人”“网红”、演员、名人等。例如，早期淘宝平台上的一些用户较早加入了直播营销的行列，并收获了直播红利，积累了丰富的经验；有一些“网红”自带流量，从内容电商转战直播营销，具有一定的粉丝基础；还有一些演员和主持人，他们有在镜头前展示自我的丰富经验，又有一定的知名度，从事直播营销具有一定的优势。

#### 2. 达人主播的特点

达人主播在直播营销中占有重要的位置，他们是直播营销中的关键人物，能较好地挖掘商品卖点，提升品牌知名度和促进商品销售转化。作为某一领域的意见领袖，达人主播往往拥有更多、更准确的商品信息，对某些品类具有更深入的消费认知和体验，其内容生产过程往往能够更好地突出商品的卖点、亮点，并通过新奇、有趣、强互动性的内容更好地吸引用户的注意力，有效提高销售转化率。

达人主播一般拥有一定的粉丝基础，他们与品牌方达成合作意向，有较丰富的品类选择，并且他们拥有自己的固定粉丝圈，转化精准，效率高。

### 3. 达人主播与商家合作的模式

商家通常会在商品促销、上新等关键节点上加强与达人主播合作的力度，从而达到冲销量、打造“爆品”的营销目的。达人主播与商家合作的模式分为专场合作和混场合作两种。

（1）专场合作

专场合作是指商家通过邀请“头部”达人主播等进行品牌的专场直播营销活动，以提升品牌影响力。专场即整场直播都在营销某个企业或某个品牌的商品。专场合作对于商家来说费用较高，但营销效果显著。

（2）混场合作

混场合作是指商家只是通过品牌植入的方式使其商品出现在达人直播过程中，即通过购买“坑位”的方式实现单款商品销量的增加。在达人直播过程中，多个企业或品牌的商品由主播按照一定的顺序进行直播推广。商家与达人主播的合作通常采取混场合作的模式。对于商家来说，这种模式费用较低，如果主播人设与商品契合度高，也可以产生非常好的营销效果。

### 4. 选择达人主播的原则

商家在选择达人主播时，除了考虑其粉丝量，确保开播之后能够吸引足够多的流量，保障商品的销量外，还要遵循以下几个原则。

（1）领域相同或相近

无论品牌大小，商家选择达人主播时都要注意查看两者的匹配度，即品牌商品和达人主播属于同一领域或者相关领域。不同达人主播有不同的专攻领域，所以商品的目标人群要与达人主播的粉丝人群相匹配。

（2）社群运营能力强

达人主播作为直播间的主导者，要积极、主动地与粉丝互动，建立粉丝群，尽量让更多的粉丝在群内参与话题讨论，提升社群的活跃度，维系好与粉丝的关系链。达人主播的社群运营能力突出，“聚粉”能力强，既能保证直播内容的质量，又能提升直播营销的效果。

（3）以往的直播数据指标良好

直播营销最重要的是考虑转化情况，商家选择达人主播前需要进行充足的准备和数据调研。目前，很多直播“带货”数据榜单、数据查询类网站等都能提供达人主播的“带货”数据。商家在考核达人主播的以往直播数据指标时，要重点考核以下两个数据指标。

① 商品转化率

商品转化率数据指标通常能反映出 3 种情况：粉丝量级高、转化率高，说明达人主播的粉丝群与商家的商品有较高的匹配度，适合选择；粉丝量级高、转化率低，说明达人主播的粉丝群与商家商品的匹配度较低，不适合选择；粉丝量级不高但转化率高，说明达人主播聚焦垂直行业，可以考虑选择。

② 单品展现次数

单品展现次数在直播营销过程中主要表现为商品在主播话术脚本中的比重，在一定程度上体现了商家或品牌在直播间的流量表现。

商家可以根据以上两个数据指标将直播营销效果划分成 4 种，进而将达人主播进行归类，然后从中选择合适的达人主播进行合作。商家与达人主播匹配度的四象限分类如图 3-1 所示。

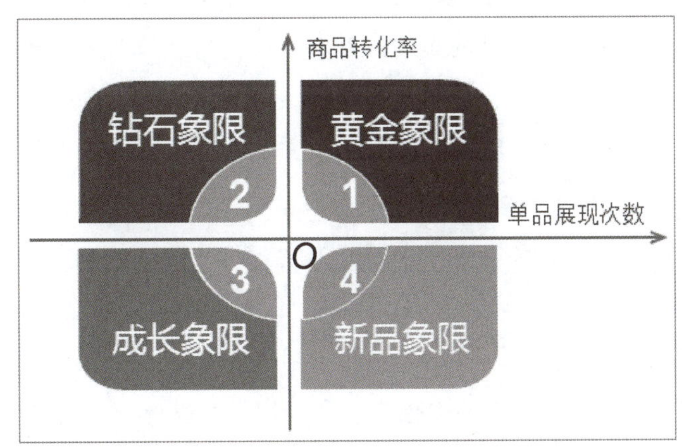


图 3-1　商家与达人主播匹配度的四象限分类

第一象限是黄金象限。这个象限中的单品展现次数和商品转化率均较高，意味着这部分达人主播的粉丝群与商家或品牌的用户人群有着较高匹配度，是商家优先选择的对象。

第二象限是钻石象限。这个象限中的单品展现次数不高，但是商品转化率较高，这类达人主播可能是某些领域的知名人士，商家或品牌可以在销售旺季或主要节日选择与这类达人主播合作。

第三象限是成长象限。这个象限中的单品展现次数不高，商品转化率也不高，说明这类达人主播还有发展的空间，目前不是商家最优的选择对象。

第四象限是新品象限。这个象限中的单品展现次数高，但是商品转化率不高，商家可以选择在新品展示期与达人主播进行合作。商家可以与达人主播一起对直播营销话术进行不断调整，努力提升和改善直播营销的转化效果。

（4）选择性价比高的达人主播

坐拥庞大粉丝流量、直播质量高的达人主播收取的佣金一般也很高，所以商家选择达人主播还要考虑预算，综合考虑选择性价比高的达人主播，用最低的预算做效果最好的直播营销。

同时，商家为了维护品牌商品，应尽量降低风险，避免使用争议较大的达人主播，以规避可能给商品带来的负面影响。

### 3.1.2 商家主播

商家主播是商家作为直播的主体，自行运营整场直播活动，更注重主播介绍商品的专业性。2020 年，淘宝诞生了近千个销售额过亿的直播间，其中商家作为主播的直播间数量占比超过 55%，略高于达人主播的直播间数量。

#### 1. 商家主播的定义

商家主播是指商家自身担任主播，组建的直播运营团队注册直播账号，通过直播与用户进行互动，并将用户沉淀至自己的直播账号。商家主播多是商家的导购人员或管理者等自有员工。用户多是品牌的粉丝，他们对品牌有一定的忠诚度，比较关注品牌的动态，商家可以依托自身的品牌效应实现私域流量的转化。

#### 2. 商家主播的细分模式

根据选择的主播的不同，商家主播主要分为以下两种，一种是企业的高管或总裁，一种是店员（导购员或客服人员）。

（1）高管、总裁作为主播

高管、总裁一般是某企业 / 品牌的创始者、管理者，这些人自带流量，他们所说的话更容易让用户相信，对提升直播营销效果能够起到积极的作用。但是，这些人一般缺乏镜头感和专业的直播技能，直播时一般需要配置助理。

例如，小米的高级副总裁卢伟冰、携程 CEO 梁建章、网易 CEO 丁磊等也相继走进直播间，为企业的商品进行营销推荐。格力集团的董事长董明珠更是公开表示，她最了解格力的商品，不会寻找“头部”主播合作。在第一次直播营销中，董明珠通过 3 个小时的直播，实现的成交额高达 3.1 亿元。

（2）店员作为主播

商家在日常直播营销过程中还会选择导购员或客服人员进行直播。他们一般经过专业的训练，对商品比较熟悉，商品知识掌握得较好。他们直播的特点是依托品牌知名度、直播场次多、商品介绍全面，但也具有一定的缺点，如员工专业水平参差不齐、商品转化率不稳定等。随着直播营销的发展，如今店员开展日常直播营销已经成为很多商家的营销标配。

### 3. 商家主播的特点

商家主播的特点具体如下。

（1）商家主播对直播的掌控力比较强

商家主播对于商品的选择、品牌形象的维护、优惠力度的把控、直播营销话术的运用等关键点的决策权力比较大。

（2）直播产出稳定

商家主播能够通过主播与用户进行直接接触，从而实现用户群体的持续积累。

（3）直播成本相对可控

商家主播在直播的过程中通过与用户直接接触，可以采取柔性化的供应链管理方式，缩短中间环节，减少冗余库存。例如，商家可以先进行小批量生产，然后主播在直播中与用户交流，获取用户对商品的反馈，判断商品是否有可能成为“爆品”，最后商家再决定是否追加生产。

### 4. 商家主播开展直播的步骤

商家主播开展直播的具体步骤如下。

（1）人设的打造

商家可以将直播间打造成人设化的播出平台，这样能够更快速地拉近与用户的距离，精准触达目标用户群。

例如，某服装品牌没有将主播固定成某个人，而是将主播打造成了一个女子团体，让不同的服装通过不同性格和不同气质的主播展现出来，从而取得了不错的效果。该服装品牌自 2020 年 10 月进驻抖音平台后，设立了专门团队运营抖音小店，每天进行长时间的直播，店铺粉丝数量从不到 2 万人快速增长到 160 万人。

（2）搭建销售场景和选择商品

商家不仅需要搭建一个符合品牌格调的销售场景，还需要培养一支能够快速响应的选品团队，根据直播间的表现不断优化货源。

例如，某女装品牌的直播间背景采用动态的户外风景，主播穿着连衣裙站在镜头面前，仿佛游走在树林之中，为镜头前的用户营造了一个虚拟的消费场景。

（3）售前和售后服务的保障

从短期来看，商家可以运用营销话术为账号“增粉”，而从长期来看则需要不断加快客服响应速度、完善备货情况、优化物流管理、提升售后客服解决问题的能力，提升用户对店铺商品的信任度，改善用户对物流、客服的整体评价。

例如，某女装品牌就围绕用户生命周期，通过前台和后台的密切协作，以高效的物流和优质的售后服务保证了用户的满意度，在一定程度上提高了商品的复购率。

（4）多元化广告投放的配合

直播过程中，商家可以结合直播的节奏进行广告投放。广告投放是商家迅速获取流量的主要方式，投放要精准到以分钟为单位。

（5）追踪多种数据指标

商家要在直播后对店铺经营的多种数据指标进行分析，主要关注反映当下店铺直播变现能力的指标，如实时在线人数、商品点击率、商品的千次观看成交额等。

商家还要关注店铺的成长性指标，如有效直播时长、在线平均人数、在线最高人数、平均观看时长、成交件单价、成交转化率等。

### 3.1.3 达人主播与商家主播的对比

达人主播通常强调主播本人的 IP 属性，只能由本人进行直播，不能换成其他人直播。而商家主播多依托品牌的知名度，根据店铺情况策划直播营销活动。

达人主播与商家主播的对比如表 3-1 所示。

表 3-1 达人主播与商家主播的对比

| 对比项 | 达人主播 | 商家主播 |
| --- | --- | --- |
| 直播营销特点 | 更重视人格化 | 更注重品牌化 |
| 用户购买商品的驱动力 | 有些用户购买商品是因为对商品有需求，也有一部分用户是受到主播的情感驱动 | 自身对商品有需求 |
| 直播间商品更新速度 | 商品更新速度快 | 商品更新速度慢 |
| 直播商品展示方式 | 直播内容紧凑，内容表现形式多样化，商品转化率较高 | 流水账式地展示商品，商品转化率一般 |
| 主播直播心态 | 努力创业心态 | 普通工作心态 |
| 电商运营能力 | 很多主播缺乏电商运营经验 | 具有较强的电商运营能力 |
| 直播时长 | 主播单人直播，直播时间有限 | 可由多个主播轮流在线直播，直播时间比较长 |

## 3.2 达人直播

达人直播时，达人主播的来源多样，名人转型做主播是其中的一个类型，具有一定的代表性。报告显示，2020 年第三季度，仅淘宝直播一家平台，名人直播营销的场次就超过了 10 万。

经过一段时间的试水后，一部分名人转型以直播营销为主业，一部分兼顾演艺事业和直播营销，还有一部分则放弃了直播营销，回归到原本的工作中。这说明做直播营销看似没有门槛，其实要想走职业化的道路并不是一件容易的事情，主播并非有一定影响力就能做好直播营销，还需要具备多方面的能力。

### 3.2.1　单人达人直播

主播由于各自的定位不同，风格迥异，在直播营销话术上也呈现出不同的特点。

#### 1. 主播“贤妻”的荧幕定位与家庭场景的直播营销

某女艺人出演过多部热播影视剧，多年来都以“贤妻”的荧幕形象出境，营造了一种“知性美”。她的直播间布置与众不同，与她的荧幕形象很贴合。她将直播场景设置在了一个“家”里，能实地上手试用产品，强调产品的适用环境，使用户的体验更佳。

这种可视化的产品展示不仅让产品有了直播的记忆点，也能让用户迅速融入直播场景和产品卖点，激发用户的购买欲望，实现高效转化。图 3-2 所示为该女艺人在家庭场景下开展直播营销。

图 3-2　某女艺人在家庭场景下开展直播营销

她在直播营销过程中经常使用与朋友谈心式的话术，如“用得到才值得买”“你们有什么想要的给我留言，我去谈价格”等，拉近了与用户的心理距离。她注重让用户在直播中感受产品在直播场景中的作用，其团队还将直播间打造成“家”的环境，让用户体会到产品的使用场景和功效。例如，她在推荐留香珠的时候会营造一个使用场景：“夏天的时候，气温较高，人们容易出汗，衣服也会沾染汗味。洗衣服时，如果放几颗留香珠，洗好的衣服就会有一股淡淡的清香，再穿上就会给周围的人一种整洁、爱干净的印象。”

她在推荐电风扇时会重点强调产品的广泛用途，例如，“你可以将这个电风扇放在桌面、床头或者自己的办公室里，平时去户外活动也可以随身携带。”

还有一位同样是推荐家庭使用产品的女艺人，她早年参演过一些古装电视剧，如今是两个孩子的妈妈。从她成交的产品品类来看，家庭使用的产品居多，除了女装和首饰，还有清洁用品、粮油调味品和生活用品等。

从她的用户构成来看，30 岁以上的用户占比为 60%，女性用户的占比为 75%。她专门针对家庭用户推出过“五五好物节”“妈妈节”等直播营销专场，而她的直播营销风格与前者不同，她会经常发布一些家庭系列的短视频。用户常常在她的直播预热短视频的评论区中积极参与互动。

某场直播的数据统计显示，她的直播间有 20% 的用户来自短视频引流，引流人数达 538.6 万人。

### 2. 歌手、模特身份与直播间的互动娱乐氛围

某男歌手在出道后获得多个奖项，在演艺道路上也小有成就，成为多个平台的节目主持人。2005 年以后他逐渐淡出娱乐圈，后转型做实业，并于 2014 年创立自有品牌，希望借助直播将自己的品牌成功推向市场。

他说自己是直播间里的买手，给大家推荐好物，大家如果满意，他就很开心。其直播现场图如图 3-3 所示。

图 3-3　某男歌手的直播现场图

这名男歌手从形象、衣品和声音等方面来看，具有做主播的先天优势。他将歌手优势发挥得淋漓尽致，经常会通过唱歌、跳舞等形式活跃气氛。他在“为鄂下单”公益直播中，连线另一位男艺人时，边跳边唱《过河》。

在支付宝“城市生活周”的直播中，他拿起一瓶辣酱作为话筒，深情演唱《听海》，使直播的互动性更强，娱乐属性也更强。他幽默的性格为直播间增添了诸多活力。为了削弱与粉丝的代沟，他经常上网学习，对许多热门的网络用语信手拈来。直播时他甚至会穿

着围裙亲自示范，在案前教粉丝怎么用他推荐的厨具、调料做菜。

总之，他在讲解产品时语速适中、重点清晰，同时团队配合默契，整个直播间的营销节奏合理。

另一位男艺人是模特出身。他第一次直播就以“时尚先生”的身份被邀请成为天猫国际时尚品牌主理人，在淘宝直播间与用户“云相处”一整日，开启了 24 小时不间断超长直播。他原有的许多粉丝对生活质量有着较高的要求，同时有稳定的收入。因此，他在直播过程中推荐的产品价格较高，以服饰、美妆、保健品等为主。

他在直播中会推出多种款式的产品，供用户理性选择，同时也经常结合自身使用体会来提供建议，提升了产品的可信度。在首次直播中，他展现了真实的生活状态，与用户实现了和谐而友好的互动，拉近了与用户的距离。同时，他和艺人好友的连线互动也为直播间带来了活力。其直播现场图如图 3-4 所示。

图 3-4　某男艺人的直播现场图

### 3.2.2　“名人 + 主播”直播组合

直播营销与一般的直播不同，是一个较为复杂的过程，需要有职业化的团队参与其中。“名人话题流量 + 主播带货”的模式成为快速开启一场直播的有效方式。

例如，2020 年 4 月 6 日，央视新闻“谢谢你为湖北拼单”公益行动首场直播开播。某主持人与淘宝平台的某主播组成的组合“圈粉”无数，后来二人再次到武汉黄鹤楼下为湖北进行公益直播，推广了热干面、鸭脖、小龙虾、藕带、樱花饼等特色产品。

在实际操作中，名人与主播的配合有时候也存在一些问题。例如，有的名人只是坐在一旁不说话，全程都由主播讲解；还有的名人想说话，但找不到合适的时机。

# 3.3 商家自播

商家自播的目的除了销售产品，还有提升品牌知名度与测试新产品的功能。因此，商家对于企业内部的主播的要求也与选择达人主播时存在一定的差异。

## 3.3.1 商家自播对主播的要求

商家自播对主播的具体要求如下。

### 1. 人设要求

商家主播需要根据直播平台的特点进行人设定位调整。商家主播在快手上进行直播营销时，人设比品牌重要，而在抖音上则是品牌效应更重要。新开设的直播营销账号出现了从品牌官方号向“人设号”转变的趋势。

商家自播的账号多以创始人、联合创始人，甚至研发总监等不同部门负责人的名字命名，从而形成品牌的“人设号”矩阵，发挥合力。例如，名为“半亩花田”的直播营销账号已经更名为其合伙人李某的名字。

### 2. 能力要求

抖音算法推荐的逻辑是直播间的曝光度会受到直播间用户的关注数量与加入粉丝团的用户数量的影响，用户数量级越大，直播间获得的自然流量推荐就越多。因此，商家主播不能做一般的导购式的介绍，还需要增强与用户的互动，营造直播间的气氛，进而提升用户的关注度与直播间的转化率，获得更大的曝光度。

### 3. 数量要求

商家自播时不需要孵化主播，而是直接对主播进行甄选。与达人直播固定一个主播不同，商家自播时可以选择不同的主播——根据不同产品的特点、不同用户的喜好，不同的主播轮流上阵直播。换句话说，商家自播不是固定主播，而是采取主播群的方式进行，不同类型的主播构成了商家自播的团队。不过，商家自播也需要在固定的时间开播，培养用户观看直播的习惯，建立稳定的用户群体。直播时间不用太长，每次 4~6 小时即可。

## 3.3.2 商家自播的话术作用

主播的话术在商家自播时起着重要的作用。一方面，商家自播时主播通过话术进行产品的销售，可提升商家的品牌知名度；另一方面，商家自播时主播通过与屏幕前的用户交流，了解用户需求，可对产品后续的生产改进提供建议。

### 1. 商家自播时话术的宣传作用

商家自播的目的不仅仅是销售产品，对于一些大宗产品，如汽车、房地产等，商家更多是为了进行品牌宣传。

例如，京东平台上某旗舰店经常会邀请一些行业专家入驻直播间，这时的直播不是以售卖多少款产品为目的，而是希望通过直播提升企业的行业地位，扩大企业的社会影响。这时候主播在话术的运用方面就需要突出品牌的特点，而不能采取直白的以销售为导向的话术。

### 2. 商家自播时话术的市场感知作用

商家自播时，主播能够直接面对用户，了解用户的需求，实现用户直连制造（Customer-to-Manufacturer，C2M）的生产。这种工业互联网电子商务的商业模式可以解决商家生产制造的库存问题，提升用户感知力。

例如，快手平台上的一家美妆企业，分享其快速成长的秘密时就提到通过直播间发现用户需求，及时调整产品线的成功经验。此前，该企业在直播营销时推出了一款产品 A，发现这并不是用户的刚需，复购率也不高，而用户真正需要的产品是 B，而且直播间的用户年龄偏大，对于功能型的护肤产品的需求较大。因此，该企业迅速调整了在快手平台上的产品线，一年内专门针对用户开发了约 200 款产品，通过高频次上新产品和稳定的直播营销输出满足了用户的需求。

## 3.4 主播的直播营销流程话术

按照直播营销流程及直播营销内容，直播营销流程话术主要有以下几类。

### 1. 开场话术

主播一般在直播刚开始的时候会热情地与用户互动，引导用户点赞、留言，提升直播间的人气。例如，“欢迎进入直播间的朋友们，喜欢主播的可以在屏幕上方点击关注，点点小红心。”

为了快速吸引用户的注意力，主播在开场时一般会预告福利，介绍直播商品的优惠力度或折扣力度，激发用户的购买欲望；制造稀缺感，增强用户购买商品的紧迫感。例如，“今晚在直播间购买商品的都可以获得一副太阳镜。咱们的服装都是商场正品，质量好，版型又正，价格还低，真的超值，今天买到就是赚到。”

主播还可以在开场时设置抽奖活动进行暖场，同时引导用户参与互动。例如，“话不多说，正式开播前先来一波抽奖。请输入口号‘青春永驻’，我会随机截屏 5 次，每张截图中的第一位朋友可以获得 100 元现金红包。”

### 2. 关注话术

主播在引导用户关注直播间账号时，可以使用以下 3 种话术。

- 强调直播间的福利：“刚进入直播间的朋友们，记得点一下屏幕左上角，关注直播间账号，直播间会不定时发放各种礼品，发布各种福利，大家一定不要错过哦！”

- 强调签到领福利："喜欢直播间的朋友一定要关注一下直播间账号，在直播间连续签到 7 天就可以获得一张 20 元的优惠券。"
- 强调直播内容的价值："想要了解服装搭配技巧的朋友们，关注一下主播的直播间账号，我们会经常为大家介绍流行的服装搭配方式。"

### 3. 互动话术

要想促进营销转化，除了保证商品优质、符合用户需求以外，主播还应当鼓励直播间的用户参与互动，多提问和聊天。互动的方式有很多，包括评论、点赞、加入粉丝团等。

在开播时，主播要尽量引导用户进行有效互动，方法主要有以下 3 种。

- 提问式："这款口红，你们用过没有？"
- 选择式："想要 A 款的评论'1'，想要 B 款的评论'2'。"
- "刷屏"式："想要这款商品的朋友请在评论区打上'想要'两个字。"

考虑到很多用户不知道如何提问，为了提高效率，主播要引导用户提问。例如，对于"这款面膜适合学生使用吗？"没有涉及商品的具体适用条件的问题，主播可以这样引导用户："这位朋友，您可以说一下您的皮肤是油性的还是干性的，脸上有没有长痘痘，主播会给您推荐合适的面膜。"

在一整场直播中，主播要经常地提醒用户参与互动，大概每 5~10 分钟提醒一次。

### 4. 留人话术

留人是指留住直播间的用户，提高直播间的用户留存率，这有利于增加直播间的推荐流量。

运用留人话术的技巧主要有两个，一是用福利留住用户，二是及时回答用户的问题。

（1）用福利留住用户

福利不仅可以用在直播开场，也可以贯穿整个直播流程。主播可以每 5~10 分钟就用福利来吸引用户的注意力，如"买 ×× 送 ××""3 折促销""买二送一"等。因为直播间会不停地进入新用户，所以如果主播不重复表达，新用户就不知道福利，很有可能就会离开。

例如，"直播间的朋友们，12:00 的时候我们就开始抽"免单"名额了。还没有点'关注'的朋友在屏幕上方点一下'关注'，加入我们的粉丝团，12:00 就可以参与活动了。大家还可以找我们的客服领取 10 元的优惠券。"

（2）及时回答用户的问题

在直播间提问的用户一般是有购买意向的用户。遇到用户提问，主播要扮演客服的角色，及时回复用户，解决用户的问题，同时用话术进行引导，从而促进成交。

例如，用户希望主播把某条裙子和之前展示的西装搭配一下时，主播可以这样说："××

女士，您好，您可以先关注直播间账号，我马上为您试穿哦。”

当有用户问“为什么一直不回答我的问题？”时，主播要及时安抚，可以这样说：“弹幕信息太多，刷得太快，我看到问题一定会回答的，请您不要着急哦。”

在回答用户的问题时，主播要细致耐心。可能会有很多人问同一个问题，主播有时候需要耐心、真诚地反复回答相同的问题，留住用户。

### 5. 商品介绍话术

商品介绍话术是直播营销话术中能够直播影响转化率的话术，运用的方法主要有以下几个。

（1）提供证明

主播可提供商品的各项证明，以证明商品的品质和口碑，如销量截图、网友好评、“网红”推荐、官方资质、专家背书等。

主播可以这样说：“这款雨伞在我们直播间，只要 59 元还包邮，到现在已经卖出 15 万把了。网店评分高达 4.9 分，好评率为 99%。”

（2）多维度介绍商品

主播可以从功效、成分、材质、价格、包装设计、使用方法、使用效果、使用人群等多维度介绍商品。这就要求主播对商品有足够多的了解，同时准备好单款商品直播脚本。

例如，“我们的衣服由专业设计师制版，符合孩子的生长特点和体形，穿着非常舒适。我们的衣服没有任何添加剂，对孩子的皮肤不会造成不良刺激，请大家放心购买。”

（3）营造场景感

营造场景感的常用方法是使用比喻句，或者营造一个想象中的画面。例如，美妆主播在推荐香水的时候可以这样描述：“……穿着白纱裙在海边漫步，享受着温柔的海风的吹拂，空气中充满了夏日阳光的味道。”这种富有场景感的描述可以让用户想象到使用香水后带来的效果，从而产生心动的感觉，并做出购买行为。

### 6. 成交话术

主播在促进成交时，运用话术的核心要点有以下 3 个。

（1）打造信任感

主播要在介绍商品的时候打消用户对商品的疑虑，建立用户对商品的信任。例如，主播在介绍商品时可以讲一些家人、工作人员使用该商品的经历；在直播间展示自己的淘宝购买订单，证明某款商品是自用款，且被自己重复购买；在直播间现场试用商品，分享使用体验与效果，验证商品的功效。此外，主播还可以描述用户的商品使用需求和购买需求，双管齐下，激发用户的购买欲望。

（2）价格锚点

用户往往并不会因为商品的高成本而付费，但会为商品的价值付费。因此，主播要善于为商品设置价格锚点，用对比价格影响用户对商品最初价格的评估。例如，“天猫旗舰店该商品每瓶的价格为 79.9 元，朋友们，今天晚上我给大家的价格优惠是买 2 瓶直接减 80 元，基本上相当于第 1 瓶 79 元，第 2 瓶不要钱。我再送大家 1 瓶喷雾，这 1 瓶喷雾的价格为 79.9 元。”这个示例中，天猫旗舰店的价格就是主播设置的价格锚点。通过价格对比，用户会对主播接下来提出的价格更不敏感，觉得价格很低，所以会产生购买行为。

（3）营造紧迫感

主播可以通过数量有限来制造稀缺感和紧迫感。例如，“这一款商品数量有限，还剩最后 100 件。如果看中了要及时下单，不然等一会儿就买不到了。”“今天购买商品的朋友才能享受到买二送一的福利，明天活动结束，价格会恢复到以前的水平。如果喜欢请抓紧时间购买。”

### 7. 催单话术

很多用户在下单时会犹豫不决，这时主播就要用催单话术来刺激用户的购买欲望。运用催单话术的关键是营造抢购的氛围，给用户发出行动指令，促使他们购买商品。运用催单话术的核心要点有以下两个。

- 重复强调商品的价格优势。例如，某主播在卖一款羽绒被时一直强调“不用多想，直接拍，今天的价格很实惠”。
- 不断营造紧迫感。主播要反复用倒计时的方式促使用户马上下单，让用户产生时间紧迫、不马上下单就买不到的感觉。例如，“先付先得，最后两分钟，最后两分钟，活动马上就结束了，要下单的朋友们抓紧了！”

### 8. 结束话术

在一场直播快结束时，主播要预告下一场直播的时间、要介绍的商品和提供的福利，甚至直接告知用户某款商品具体的上架时间段，方便一些不能一直坚守在直播间的用户购买。另外，直播结束时主播最好以感谢的话结尾。例如，“本次直播就要结束了，主播很舍不得大家，感谢大家这 3 个小时的陪伴。下场直播大家一定要来，主播还有很多福利送给大家。”“下一场直播在明晚同样的时间，主播会给大家带来本年度十分受欢迎的商品，×× 老师用了都说好。”

## 【思考与练习】

1. 商家主播与达人主播的区别是什么？
2. 商家自播对主播的要求有哪些？
3. 举例说明名人转型做主播所具有的优势和劣势。

## 第 4 章

# 以“货”为中心的直播营销话术

【学习目标】

- 掌握直播营销话术中的 FAB 原则。
- 掌握 5 分钟单品脚本设计的要点。

直播营销的关键因素是人、货、场，其中，“货”是指直播中主播要推荐或销售的商品。商品的选择与规划是直播营销的起点与基础。开启一场直播前，直播团队首先要做好选品，主播还要就直播营销话术的脚本做充分的准备，需要根据商品的数量、特点进行脚本的设计。

## 4.1 应用FAB原则的直播营销话术

FAB 原则被称为“销售的黄金法则”，此法同样适用于直播“带货”。在直播间讲解商品时，很多新手主播经常在介绍商品卖点时没有条理性，东一句，西一句，没有一条主线，抓不住用户的注意力，无法吸引用户。FAB 原则能帮助主播在讲解商品时通过 3 个关键环节，巧妙地处理好用户关心的问题，从而顺利地实现商品的销售。

FAB 原则的 3 个关键环节如图 4–1 所示。

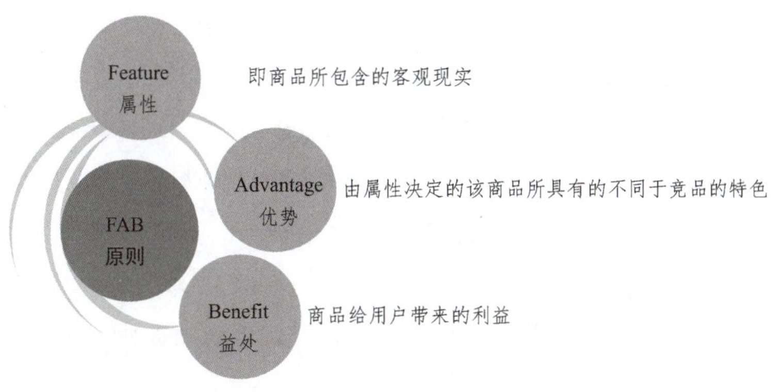


图 4–1　FAB 原则的 3 个关键环节

### 4.1.1　FAB 原则的分解

主播可以根据 FAB 原则分解商品的特点，进行元素的排列组合，得出不同的直播营销话术。图 4–2 所示为 FAB 话术组合。

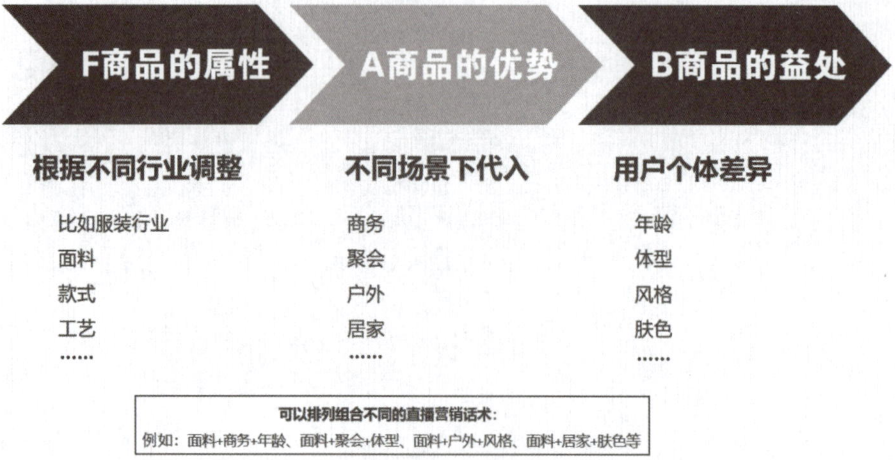

图 4-2　FAB 话术组合

### 1．商品的属性：它是什么？

每一个行业都有一些独特的关键属性，每一款商品也有一些个性化属性。主播开展直播需要根据不同的行业、不同商品的特点进行营销话术的梳理和准备。因此，主播不仅要口才好，还要深入具体的行业，注重对商品专业知识的学习。

例如，服装行业的商品属性通常涉及面料、款式、工艺、品牌、洗涤与保养等。主播在讲解商品的时候就要从上述核心点进行介绍，兼顾对自身商品特点的挖掘。除此之外，主播还要关注其他主播是如何介绍商品的，进行横向对比以不断提升自己。

### 2．商品的优势：它突出的功能和作用是什么？

每一款商品都有各自的特征，主播介绍商品的优势其实就是对其功能和作用做进一步的补充介绍。在竞争日益激烈的营销环境中，主播鲜明地指出商品的优势能更好地将营销信息传播给用户。

例如，主播在介绍丝巾的时候，可以结合具体的使用场景，将丝巾款式多样的特点重点介绍。主播也可以推荐用户买两条，一条上班的时候使用，另一条聚会的时候使用。

### 3．商品的益处：它能为用户带来什么？

主播介绍商品的益处是为了告诉用户购买这款商品能够帮助他们解决什么问题，或者满足他们哪些方面的需求。

例如，同样是购买一件衣服，有的人关注版型，有的人关注清洗方式，还有的人关注穿着体验等。所以，主播在介绍衣服的属性、优势的基础上，还需要说明衣服为用户带来的利益，通常涉及舒适性、方便性、经济性等。

## 4.1.2　将 FAB 原则应用于直播营销话术

主播要将 FAB 原则运用到直播营销话术中，就要将原本单一的语言表述加工得更加具体明晰，有逻辑性和针对性。FAB 原则在直播营销话术中的应用如表 4-1 所示。

表 4-1　FAB 原则在直播营销话术中的应用

| 序号 | 一般话术 | FAB 话术 |
| --- | --- | --- |
| 1 | 这种内衣由冰丝制成 | 因为这种内衣由冰丝制成（属性），所以手感非常丝滑（优势），您在炎热的夏天穿上后会感觉格外凉爽（益处） |
| 2 | 这件运动服穿起来很舒服 | 这件运动服是百分百纯棉的（属性），面料摸上去很舒服（优势），您在运动时穿上会感到很干爽、透气（益处） |
| 3 | 这条裙子的版型好 | 这条裙子采用贴身的版型设计（属性），既能充分显示出您的身材（优势），也能凸显您的魅力（益处） |

## 4.2 应用各种交易模型的直播营销话术

除了 FAB 原则以外，还有很多交易模型可以运用到直播营销中，主要有 ADP 交易模型、SCQA 模型和 QPET 内容模型。

### 1. ADP 交易模型

根据 ADP 交易模型的理论，影响交易的三大因素是用户的态度（Attitude）、产品的获得难度（Distribution）和获得产品的代价（Price）。在直播营销中，以上三者分别对应用户对产品的喜好程度、获取产品的难易程度和获得产品需要付出的代价。

以某款知名品牌香水为例，主播可以使用 ADP 交易模型来讲解这款商品，如表 4-2 所示。

表 4-2　ADP 交易模型直播营销话术示例

| ADP 交易模型分解元素 | 话术示例 |
| --- | --- |
| 用户的态度 | 习惯使用香水的女性用户非常希望使用这一款产品。男士购买这款香水送给爱人，一定会让她认为您真的很爱她 |
| 产品的获得难度 | 这款产品很稀缺，每年的产量只有 1 万瓶，能买到的人很少 |
| 获得产品的代价 | 商家争取到了 20 瓶 ××× 的香水，价格比外面的市场零售价还低 20%。这款香水有很多人喜欢，非常抢手。各位男士，你们要不要购买？ |

### 2. SCQA 模型

SCQA 模型是一个结构化表达工具，是麦肯锡咨询顾问芭芭拉·明托在《金字塔原理》中提出的。S（Situation）指场景，即由大家都熟悉的情景和事实引入；C（Complication）指冲突，即实际情况往往和我们的要求有出入；Q（Question）指疑问，即针对这个冲突我们应该怎么做；A（Answer）指回答，即我们的解决方案是什么。

以某直播培训课程为例，主播可以使用SCQA模型来讲解直播培训课程，促使用户产生购买课程的想法，如表4-3所示。

表4-3　SCQA模型直播营销话术示例

| SCQA模型分解元素 | 话术示例 |
| --- | --- |
| 场景 | 在直播“带货”的风口下，各行各业的人都开始进入直播领域，越来越多的人在各个平台开展直播“带货” |
| 冲突 | 直播“带货”的人成千上万，但人们的“带货”能力有高有低。有的主播连续直播两个月也没能吸引多少人观看，观看量惨淡，而有的主播直播两个小时就能收获千万元的销售额，可谓对比鲜明 |
| 疑问 | “带货”能力差、用户转化率低、收入低，面临这种情况，主播该如何解决？ |
| 回答 | 直播“带货”不能只靠直觉和经验，系统的学习也很重要。但如何学？跟谁学？学了是否有效果？这都是未知数。如果有一位直播“带货”高手写了相关的图书，录制了网课，会不会有人通过看他的直播、买他写的书和网课来学习呢？我相信一定会的 |

### 3. QPET内容模型

QPET内容模型包括Q（Question），即提出一个问题；P（Point），即抛出一个观点；E（Example），即举出一个例子；T（Test），即引导做一个测试。

主播开展直播营销时，使用QPET内容模型，用户体验以后是否购买并不重要，用户体验这件事本身比较重要。只要用户愿意体验，主播就已经成功了，因为用户已经选择把时间交给主播了。

下面仍以直播培训课程的营销为例来介绍QPET内容模型直播营销话术，如表4-4所示。

表4-4　QPET内容模型直播营销话术示例

| QPET内容模型分解元素 | 话术示例 |
| --- | --- |
| 问题 | 有没有人想直播一晚上就达到100万元的销售额？ |
| 观点 | 许多人都可以在一个晚上就达到100万元的销售额，你信不信？ |
| 例子 | ××在学习了××老师的销讲课程以后，用了课程中教授的方法，一个晚上创造的销售额为278万元，而且他连续做了5场直播，最不理想的一场直播销售额也有90万元 |
| 测试 | 你们估计不信，那就来做一个很简单的测试，简单体验一下，好不好？ |

## 4.3 设计5分钟单品脚本

直播脚本是直播营销话术的内容框架，是决定直播营销成果的关键。好的直播脚本有利于提升主播直播营销时讲解的专业度、流畅度和商品成交的转化率。因此，设计直播脚本是主播需要锻炼的重要技能。

单品脚本是针对单款商品的直播脚本。主播一般会在一场直播中向用户推荐多款商品，这就要求主播对每一款商品的特征、卖点和对应的营销方式都有清晰的了解，这样才能有效地向用户传达商品的卖点、优惠，刺激用户的购买欲望。单品脚本的设计正是为了帮助主播明确每一款商品的卖点，熟知每一款商品的优惠力度。

### 4.3.1　5 分钟单品脚本的拆解

主播要在很短的时间内组织语言，完成单品脚本的策划。以 5 分钟单品脚本为例，主播可以将其拆成 3 个环节，即需求引导和商品引入、赢得信任、促销下单。5 分钟单品脚本的拆解如表 4-5 所示。

表 4-5　5 分钟单品脚本的拆解

| 序号 | 环节 | 说明 |
| --- | --- | --- |
| 1 | 需求引导和商品引入（约 2 分钟） | 先用 FBA 原则对“带货”商品进行阐述，指出商品的属性、商品与竞品相比所具有的优势、商品给用户带来的益处等 |
| 2 | 赢得信任（约 1 分钟） | 通过权威背书赢得用户的信任，如体现商品畅销的数据，说明“明星同款”“自己也在使用”等 |
| 3 | 促销下单（约 2 分钟） | 给出一个有竞争力的价格，促成用户下单，取得短时间内“引爆”流量的效果 |

#### 1. 需求引导和商品引入

主播进行用户需求引导的前提是对用户需求有一定的了解，可以通过叙述用户可能遇到的问题与用户产生共鸣。例如，有的图书主播会说：“我的孩子小时候语文成绩不好，我就为她推荐了很多名著。孩子在每天放学写完作业后的这段时间里就养成了自主阅读的习惯，后来语文成绩也逐渐提高了。”主播在进行用户需求引导之后，转而进入商品引入阶段，通过对商品的介绍，说明商品可以解决用户的现实问题。

主播接下来引出商品，围绕商品卖点、使用感受等进行描述，让用户通过各种感官体验感受商品的特色，认为商品值得购买，从而做出购买行为。

在这个环节中，主播要重点描绘商品的使用场景，把使用体验说清楚，激发用户的感性思维，从而刺激用户消费。例如，主播在推荐一款烤箱时可以这样说：“这款烤箱是专门为三口之家研发的，方便做早餐，可以同时烤 3 个面包、6 个蛋挞，能满足全家人的营养需求。您周末还可以在家用它做下午茶，烤一个全家人都爱吃的美味比萨，与家人一起享受幸福时光。”这种商品讲解方式可以给用户带来很大的想象空间，促使用户为了实现心中的美好愿望而下单。

### 2. 赢得信任

赢得信任是直播营销的关键，主播可以通过权威背书、数据证明、现场体验等方式来提升商品在用户心中的价值，从而赢得用户的信任。

- 权威背书。权威人物或机构本身就能得到大多数人的认可和信任，其本身就具有说服力。如果权威人物或机构来为商品背书，会极大地增加商品在用户心中的好感。主播在说出商品的权威背书内容时，不能影响商品讲解信息的传播，要使用用户普遍可以理解的话术来说出商品的权威背书内容。
- 数据证明。主播可以用具体的销量、用户评分、好评率、回购率等数据来证明商品的优质及受欢迎度，如“这款餐具累计销售了 30 万套，用户评分高达 4.9，用过的人都知道……”
- 现场体验。主播最好在直播间现场试用推荐的商品，并且实时分享使用体验与效果，验证商品的功能和特色，这样对用户更有说服力。

### 3. 促销下单

主播运用直播营销话术的最后一步就是展现商品的价格优势，或者通过限量赠送礼品等方式促进用户下单。

- 展现商品的价格优势。主播可以展示商品的官方旗舰店价格或市场价，与直播间的价格进行对比，营造价格优势，让用户感觉物超所值。例如，“这款洗发水在天猫旗舰店的价格是 189 元，今天晚上在我们直播间的用户，买两瓶可以少付 90 元，相当于第一瓶 99 元，第二瓶不要钱，真的超值……”
- 限量赠送礼品。主播可以通过限量赠送礼品，用具体的数据营造直播间促销、狂欢的气氛，让用户完成购买。例如，“现在直播间有 15000 人，我们今天就送前 1000 名付款者等价礼品。倒数 5 个数，5（让助理配合说‘还剩 500 单’），4（让助理配合说‘还剩 200 单’），3（让助理配合说“礼品已经送完了”）。”

## 4.3.2 5 分钟单品脚本话术实例

例如，销售一款润唇膜，主播在 5 分钟内所运用的直播营销话术体现了通过需求引导和商品引入，然后赢得用户信任，最后引导用户下单的整个过程。

### 1. 需求引导和商品引入（约 2 分钟）

“你感觉一下它的质地，很有分量，不是轻飘飘的。使用起来很润，你可以直接将它涂在嘴巴上，对容易撕嘴皮的朋友们十分有益（强调用户痛点），能起到保湿的作用（强调功效）。它的包装是一种宫廷风（介绍商品风格），方便携带，可随时补妆（强调场景），而且还配了一个唇刷，看起来很精致。”

### 2. 赢得信任（约 1 分钟）

“这里有一个小镜子，大家可以看主播现场涂润唇膜。这款润唇膜可以修复唇部肌肤，提升唇部弹性，让一些可见的干纹慢慢地弱化，使嘴唇显得非常水润、亮泽（主播亲自尝试）。它富含保湿因子，可以让你的嘴唇滋润不油腻。晚上你也可以将它厚敷在嘴唇上，日常出门也可以携带，方便随时补妆。”

### 3. 促销下单（约 2 分钟）

“这个精致的礼盒里面包含一个润唇膜和一个唇刷（突出性价比）。它的厂家指导价格是 99 元，今天直播间的价格是 79 元，我们还要赠送价值 99 元的护唇磨砂膏一个。如果你有唇纹或唇裂，就赶紧下单吧！”

## 【思考与练习】

1. 直播营销话术的 FAB 原则是什么？
2. 尝试设计一个 5 分钟的单品脚本。

# 第 5 章

# 美食类直播营销话术

【学习目标】

- 掌握美食类商品直播营销话术规范。
- 掌握美食类商品直播营销话术设计要点。
- 掌握不同类型美食主播的直播营销话术差异。
- 掌握不同类型美食商品的直播营销话术。

直播营销不仅要销售商品，还要满足用户的娱乐和兴趣需求，激发用户对美好生活的向往，挖掘用户潜在的购物兴趣，提升用户的生活品质，从而使用户产生更多的购物需求。“民以食为天”，美食类商品相比其他商品类目更具有用户基础，因为食品、饮料具有刚需、易耗、需重复购买的特点，具有较强的普适性，所以成为直播营销的主要选择之一。本章将系统介绍美食类商品直播营销话术的设计与应用。

## 5.1 美食类商品直播营销话术规范与设计要点

美食类商品的直播营销要求主播凭借自己的讲解配合美食的呈现，引发用户的联想，勾起用户的食欲，促进商品的转化，从而提升直播间的营销效果。美食类商品的直播营销话术设计需要主播遵循相关的规范并掌握一些设计要点。

### 5.1.1 美食类商品直播营销话术规范

主播在设计美食类商品直播营销话术时除了要满足一般性要求，还要遵循美食类直播的相关规范。下面以抖音平台为例阐明相关规范。

#### 1. 信息准确、一致

抖音平台要求主播进行美食类商品直播时，直播内容必须真实、合法、科学、准确，不得含有欺骗和误导用户的内容与信息。主播必须确保所售食品的各类信息，包括但不限于商品的包装、规格、产地及加工地等，与其在直播中分享的商品的信息一致。例如，主播不能将本地生产的商品说成进口的，必须将商品的配料、材质、保质期等信息真实、准确地告知用户。

有的主播为了提高销量，谎称商品为“自家产”并传播此类信息，这是平台不允许的。商品只有真的符合自行生产的类目，而且拥有平台通过的相应的材料证明，才可以被称为“自家产”。

#### 2. 效果贴切、真实

主播在讲解美食类商品的功能和效果时，必须实事求是，不能虚假宣传。在食品类直播营销中，禁止出现与药品相混淆的用语，主播不得直接或间接地宣传食品有治疗作用或保健作用，也不得借助平台宣传某些成分的作用，明示或暗示该食品的治疗作用或保健作用。主播讲解普通食品，不得宣传食品含有新资源食品（中国新研制、新发现、新引进的无食用习惯的，符合食品基本要求，对人体无毒无害的物品，如嗜酸乳杆菌）中的成分或特殊营养成分。

有的主播为了销售商品一味地夸商品好，甚至利用医疗机构、专家、用户等的名义或形象来证明商品的“特殊功能”，在直播中故意夸大宣传食品有特殊功效或含有特殊成分，这些行为都是不允许的。

### 5.1.2 美食类商品直播营销话术设计要点

美食类商品直播营销话术设计可以从以下 4 个维度考虑，如表 5-1 所示。

表 5-1 美食类商品直播营销话术设计要点

| 维度 | 讲解重点 |
| --- | --- |
| 商品属性 | 产地、主料、辅料、规格、包装、储存方法 |
| 食用效果 | 视觉、嗅觉、味觉 |
| 功效价值 | 营养价值、安全性 |
| 价格优势 | 价格对比、性价比高 |

#### 1. 商品属性

商品属性主要包括商品的产地、主料、辅料、规格、包装、储存方法等。主播介绍某些商品属性时，还可以围绕商品的加工制作方法、食用方法等要点组织话术。

例如，主播介绍一款龙虾尾时说：“龙虾尾是源自湖北洪湖的虾，特别干净、新鲜，采用 -196℃超低温的液氮锁鲜技术制作而成，虾肉鲜嫩，就像现做的一样。吃的时候，这款龙虾尾也不用经过复杂加工，直接加热就可以了，特别方便……”

很多美食来源于农产品，用户选购农产品与选购其他产品有一个很明显的差别，那就是用户在选购其他产品的时候往往重视产品的品牌而不太重视产品的产地。例如，同一品牌的化妆品可能在不同地区生产，但在用户眼里并没有什么不同，不过农产品就不一样了。以苹果为例，有的人喜欢云南昭通苹果，有的人喜欢山东烟台苹果，也有的人喜欢东北寒富苹果，而对于那些不知名产地的苹果，人们可能就不那么认可了。这也是为什么很多美食主播要渲染产地优势，详细介绍产地信息。

例如，某主播在推荐婺源菜籽油时，这样说：“我们的菜籽油来自江西婺源，这里是全国油菜花之乡，也是传统菜籽油制造工艺的发源地。”

#### 2. 食用效果

要想吸引用户的兴趣，主播就应想办法向用户展示美食的食用效果，可以通过介绍食品的色、香、味等来调动用户的视觉、嗅觉、味觉等，刺激用户的食欲，从而激发用户的购买热情。

例如，“这款龙虾尾的虾肉紧实饱满，鲜嫩爽口，不是很辣，但很入味。”

又如，“这款香酥小黄鱼肉质鲜美、鲜香不腻、酥若无骨。”

主播介绍食品的色泽、口感、味道时通常会用“色泽金黄、酸酸甜甜、酥脆、绵软松软、回甘、入口即溶、绵密柔软、淡淡清香”等词语。主播在介绍不同地域的特色美食时，要根据目标用户群体的需求，强调商品特色，以及商品与同类商品的差异，以赢得用户的好感。主播也可以从烹饪手法、秘制酱料或风味口感等方面来描述商品。

通常，食物都讲究美感，主播要用语言描述出食物的美感，如描述食物的外观，在试做、试吃的过程中充分形容食物的味道等，这样既向用户展示了食物的烹饪方法，又说明了食物的美味。

### 3. 功效价值

主播在介绍美食类商品时，可以根据用户对此类商品的需求，强调该商品在某一方面的营养价值，以及食用后对人体的益处等。例如，“坚果类食品有着丰富的营养，含有蛋白质、维生素、微量元素等，具有维持营养均衡、增强体质等功效。”

主播在描述食品的功效时，可以根据目标用户群体的需求，重点突出食品的“健康”“有机”“营养价值高”“卫生”“干净”等特点。

现在很多食品都经过了升级换代，以农产品花生为例，新品种比老品种更受欢迎，那么主播在介绍老品种时就要动一番脑筋了。主播在介绍老品种时不能陷入传统的套路，而要有与时俱进的思维，结合当下的生活情景来开展营销。新品种的花生一般出油率高，所以脂肪含量也较高；而老品种的花生的脂肪含量相对较低。以前脂肪含量低对花生来说是一个劣势，但现在许多人注重控制脂肪的摄入，所以老品种的花生就具备了这方面的优势。

例如，“这款花生的脂肪含量很低，更有利于我们减少油脂的摄入，适合正在减肥、想要控制体重的朋友食用。”

### 4. 价格优势

美食类商品日常消耗大，但可代替性强，所以客单价低、性价比高的商品更容易成为“爆款”。价格优势主要是指主播在直播间推荐的商品比其他同类商品价格低，主播可采用商品组合套餐、5 折卡、优惠券等形式降低价格。

例如，“山药片，线下一包的价格为 39.9 元，两包就是 79.8 元，今天在我的直播间两大包只要 49.9 元，关注主播的账号还可以领 10 元优惠券，两大包到手价只要 39.9 元，相当于买一赠一，真的太值了……”

## 5.2 不同类型美食主播直播营销话术

美食的品类很多，其中海鲜、特色小吃等是直播间的热门营销品类。不同类型的美食主播在直播营销时所运用的营销话术也有所差异。

### 5.2.1 海鲜类商品主播直播营销话术

即使主播的“带货”商品类型相同，不同主播的直播营销话术也各具特色。下面以两位海鲜类商品主播为例进行对比分析。

#### 1. 海鲜类商品主播 A

海鲜类商品主播 A 是一名“头部”主播，她塑造的是一位海鲜市场老板娘的人设形象。直播间用户多为 25~30 岁的女性，有较强的消费能力，且对美食感兴趣。相关调查数据显示，主播 A 直播间的用户，50% 来源于直播广场，45% 来源于视频推荐，5% 来源于关注渠道。因此，其直播间的用户较精准，且转化率高。

主播 A 形象鲜明、面容亲切、声音洪亮，互动能力强，擅长烘托直播间的气氛。例如，“大家好，在直播间购买推荐的海鲜商品，满 99 元就可获得 6 包酱料。主播今天心情好，赠品翻倍，今天下单满 99 元的用户，可以获得 12 包酱料。机会难得，大家千万不要错过。”

#### 2. 海鲜类商品主播 B

海鲜类商品主播 B 是一位“腰部”主播，在抖音、美拍两个平台发布内容，她塑造的是姐姐和弟弟一起做海鲜美食的人设形象。直播间的团队也是由一家人组成的：姐姐是主播，主要在镜头前推荐商品；弟弟是摄像师，负责拍摄美食，兼职助播，配合姐姐直播；弟媳是运营和客服，管理直播间的商品链接。这位主播的引流短视频也颇有特色，突出了“质高”“价优”“超值”“快来买”4 个标签，为直播进行了有效的预告。

这位主播不仅推荐商品，还教用户挑选和烹饪海鲜的技巧。在现场拆包并制作美食的过程中，主播 B 也运用话术营销自己的商品。

例如，“我们家的虾特别新鲜，而且个头大！不仅如此，我们家虾的价格还比别人家的低 10 元，真的特别值。”

主播 B 现场随机拆包装的做法，真实展示了商品的品质，更容易赢得用户的信任，促使用户下单。

#### 3. 海鲜类商品主播营销话术的对比

主播的诚信和商品的质量是影响用户在直播间购买海鲜类商品的重要因素。下面对比分析以上两位主播的营销话术中的相同点与不同点。

（1）相同点

这两位主播都会强调海鲜的品质，进而增强用户对主播的信任。

常用的营销话术有以下几类。

“为什么我能成功？就是靠海鲜的品质。”

“好的东西一开始卖的时候可能有难度，但大家收到货的那一刻，一定会满意。”

“有人说永远买不到视频里这么肥的生蚝，那你能给我一次机会吗，这是我卖的×××。”

“只有品质好，我才能有这样的底气。”

“我们不是××地区第一批销售海鲜的，但我们的海鲜品质很好。”

为了更好地证明海鲜的品质，两位主播会在镜头前随机选择商品，说：“朋友先别走，我给你们随机拿几个生蚝看看，不挑不拣，现场直播。”

（2）不同点

主播的直播效果与营销话术有密切的关系，具体体现在主播的声音、与用户的互动、主播的镜头语言等方面。

① 主播的声音

主播 A 的直播间基本由她一个人控场，其他的工作人员作为“气氛组”基本不会出现不一样的声音。而在主播 B 的直播间中，主播的声音和助播的画外音有时候会重叠，加上画面背景并不是很简洁，整个直播间就会显得比较杂乱，进而可能让用户对食品的卫生安全和质量产生怀疑。

② 与用户的互动

主播 A 会积极与用户互动，而主播 B 几乎不看也不回答评论，当有人“刷屏”问“为什么不回答问题”的时候，主播 B 只会应付式地回答：“太多了，看不过来啊。”用户作为消费者，希望自己的诉求能够得到满足，自己的疑问能够得到解答，而不是被忽略、被无视。

③ 主播的镜头语言

主播 A 的直播画面一般采取平视的角度，且更突出主题，拉近了主播和用户的距离。而主播 B 的直播画面一般采取仰拍的方式，容易造成用户视觉疲劳，且画面背景杂乱，不够简洁，难以激发用户的观看兴趣。

### 5.2.2　特色小吃类主播直播营销话术

销售特色小吃的主播也要掌握合理的直播营销话术，以此来增强说服力，使用户相信并愿意购买商品。特色小吃主播的直播营销话术主要有以下几类。

#### 1. 在直播中展示风土人情

某特色小吃主播是陕西西安人，她制作的美食视频独具特色。她热衷于探索并分享美食，在抖音平台上收获了上千万粉丝，视频点赞量过亿。

该主播直播时幽默风趣，语气温和，话术变换灵活，不仅在直播中讲解美食，还带领用户感受不同地域的文化特色和民俗风情。她总能及时、准确地向用户描述出美食的口味，给人的代入感很强，能够激发用户的食欲和购买欲。

她经常直接在美食街区进行直播，陪着用户边吃边聊，走街串巷。她为人质朴，注重与当地人交流，不仅询问当地美食，还通过镜头向用户展现当地的风土人情。

例如，“重庆人真的把小面当早餐吃吗？”“后面这一座小山，上面有一栋居民楼，从山坡下来，又是一座小山、一栋居民楼，梯梯坎坎就是重庆的地形地貌。”

#### 2. 激发用户的好奇心

有些特色小吃很难看，甚至难闻，但主播偏偏对此进行强调和突出，以勾起用户的好奇心，从而打开销路。

例如，某主播在介绍鲱鱼罐头时这样说：“你们知道这是什么吗？这种食品可以说是世界上非常难吃的东西了，我买了两个月都没有勇气打开尝一尝。就在昨天，我觉得自己准备好了，是时候迎接鲱鱼罐头的挑战了，就在我打开罐头的一刹那，我差点吐了。那种味道怎么形容呢？有很强烈的鱼腥味。是不是听着就想要吐了，但最可怕的事情还没发生呢。我夹了一块，放到嘴里，刚嚼了两下，心理防线就被攻破了。总之，我挑战失败了，如果有哪位勇士想要挑战一下，可以下单尝一尝。”

#### 3. 消除用户的偏见

有些用户对特定的商品会存有偏见，很多时候是因为他们获得了错误的信息，而消除用户偏见较为有效的方法就是向他们传递可信的新知识，用新知识来覆盖他们错误的认识。例如，提到鸭蛋时，很多人会觉得蛋黄太红可能是因为鸭子食用了色素甚至“苏丹红”，这时主播就要用比较专业的知识来证明自己的商品没有问题。例如，“这款鸭蛋的蛋黄之所以颜色鲜艳，是因为鸭子吃的饲料里含有较多的胡萝卜素。”

## 5.3 不同类型美食产品直播营销话术

美食品类作为直播营销的垂直品类，在直播营销中的占比很大。

### 5.3.1 果蔬类、肉类产品直播营销话术

介绍果蔬类、肉类产品，除了强调产品品质外，还要注意介绍运输和售后服务等关键环节。

#### 1. 果蔬类产品

果蔬类产品由于长途运输，容易损坏或腐烂，因此主播在讲解产品时除了重点突出产品品质，也要注重介绍产品的运输方式和包装情况等，确保产品完好、保鲜情况良好。

（1）强调品质

不同地域，果蔬的品种有所不同，有的主播就从特产的角度对产品的品质进行强调。

例如，“我们店的哈密瓜产自新疆，种植面积已经达到了 1000 亩。虽然哈密瓜上面有疤痕，但是这是自然形成的，不影响口感，吃起来很脆甜。这个品种被称作‘天山一号’。”

“库尔勒香梨现在似乎满大街都是，很容易买到，但你不知道的是，最原始的库尔勒香梨产区只是库尔勒地区的一小片区域，那里才是库尔勒香梨的核心产区。你在市场上很难买到核心产区的香梨，但现在我们终于找到了这种香梨，以此来回馈大家。”

“全国各地都有木耳，那为什么东北的黑木耳特别有名呢？因为除了东北，其他地域很少有这么大面积的森林，黑木耳就是在东北的大森林里自然生长出来的。所以，东北出产的黑木耳不仅有很好的品质，还不贵。很多特产因为珍稀、昂贵而出名，而东北的黑木耳是因为价格亲民而出名。”

主播可以强调产地优势，全方位、多角度地阐述产地对果蔬的影响。例如，“这个地方很神奇，虽然降水稀少，但是雪山顶的雪水融化后会渗透到当地的土壤中，所以这里并不缺水，十分适合种植葡萄。”

主播可以在强调果蔬的品质时与其他同类果蔬做对比，更好地突出自己产品的良好品质。例如，“今天我给大家带来的是北京大兴的突围桃。之所以叫突围桃，是因为这种桃树所有的枝干都是向上生长的，每个桃子在生长过程中都可以见到阳光。这种桃子有个特点，就是采下来的 7 天内都不会腐烂，其他桃子都烂掉了，它却依然新鲜，是不是很神奇？”

主播还可以针对果蔬的品质做出保证和承诺，增强用户的购买信心。例如，“一般这种橘子有 7 到 14 瓣果实，很少有少于 7 瓣或多于 14 瓣的。我们现在举办幸运抽奖活动，如果你从我这里买一箱橘子，发现里边有的橘子的果实少于 7 瓣或多于 14 瓣，你拍图片发给我，我下次给你打 8 折。”

“牛肝菌在云南被人称为见手青，是一种味道十分鲜美的蘑菇。但是因为它和很多有毒的蘑菇长得有些类似，每年都有人会因误食毒蘑菇而中毒。不过请大家放心，我们的牛肝菌是经过精挑细选的，保证安全！”

（2）说明运输情况

主播在营销过程中还要强调产品的防挤压包装、运输问题的解决渠道和赔付问题的解决方式等。

例如，“我们的线下店铺是盒马鲜生，因为夏天太热了，收到的货如果有问题，大家可以拿到线下店铺，让店员帮你紧急处理。”“昨天的荔枝已经卖完了，为了避免偏远地区的用户下单后，荔枝在运输过程中因碰撞出问题，我们现在改进了包装。”

（3）突出产品的文化背景

如果主播在直播过程中总是在推荐产品，而没有输出其他内容，往往很难吸引用户。

又长又乏味的产品推荐不仅不会起到正面作用，还可能会引起用户反感。主播可以在介绍产品的时候突出产品的历史背景或文化背景。例如，“延津胡萝卜到底有多好，我只给大家说两点。第一点，清朝的时候延津胡萝卜是宫廷贡品，那时不叫胡萝卜，叫贡参，这是什么意思，你细品。第二点，延津胡萝卜摔到地上能摔成几截，有多脆就不用我再多说了吧。现在正是延津胡萝卜成熟的季节，过了这个月，再想买也很难买到这么纯正的延津胡萝卜了，大家想吃的话赶紧下单吧。”

（4）说出适宜和不适宜人群

主播只有了解用户，才能把话说到用户的心坎里，从而获得用户的信任，激发用户的购买欲望。主播在介绍果蔬类产品时，要把果蔬类产品的适宜人群和不适宜人群说清楚，这样才是对用户负责，也能由此引出产品。

例如，一个两岁孩子的妈妈在直播时这样说：“我的孩子一天天长大，牙齿也长出来了，可以吃一些水果了。但大家都知道，有些水果适合孩子吃，有些水果不适合孩子吃。杏虽然很好吃，营养也很丰富，但是给太小的孩子吃，就容易发生危险，太酸的杏容易伤到孩子的牙齿，也不适合孩子吃。什么水果适合孩子吃呢？那就不得不说我今天给大家带来的这一款水果了……”

（5）学会关联其他事物

主播在销售一些比较少见的果蔬类产品时，可以在推荐语中加入一些特别的元素，如传说、与热门影视作品相关甚至用户熟悉的某些小众文化等，这样才能促进产品的销售。

例如，某主播在直播过程中推荐了一款非常少见的水果：“你们最近看热映的电影《×××××4》了吗？里面的××生活在一个不知名的星球上，每天都吃一种很奇怪的果子。如果我说这种果子在地球上也有，你们信不信？其实它就是火参果，其果肉呈凝胶状，口味清甜。这种很少见的水果原本生长在非洲，它的根系能触达地下含水层，曾是当地人补充维生素和水的重要来源。说了这么多，大家一定对这种水果很好奇，如果想吃，现在就下单吧。数量不多，先到先得！”

（6）激发用户的好奇心

有时主播会在宣传新品时把产品的特质包装成某种噱头，让用户对产品产生好奇心。例如，某主播在推荐一个葡萄新品种时说道：“这种葡萄叫美人指，也就是说它像美人的手指一样修长和秀丽，这和普通的圆形或椭圆形葡萄不一样。美人指葡萄之所以好吃，不仅是因为它甜，还因为它的皮很薄。这就带来一个问题，清洗的时候很容易把皮洗烂，所以我建议有耐心的朋友可以买这种葡萄，不建议那些洗水果时用力较大的朋友购买，吃起来比较麻烦。”

主播说美人指葡萄难洗，建议没有耐心的人不要购买，这反而会激起用户的好奇心，让他们对这款产品有更浓厚的兴趣。这就是主播在说话时抛出的一种噱头。

### 2. 肉类产品

主播在直播营销肉类产品时，要针对用户对产品的不同需求进行相应的话术设计与准备。

（1）强调品质

人们对于肉类产品的需求较大，尤其重视其品质。

牛排的品质贵在整切而非合成，例如，“我们给大家发整切、非合成的牛排 150 克。”

排骨的品质关键在于骨髓入口即化。例如，“红色的这圈都是羊肉，中间一圈是骨头，骨头连着骨髓，骨髓入口即化。煮 30 分钟就可以了，也不用放油，因为骨头里面的骨髓会流出来；还可以煎至两面金黄。除此之外，还能炖着吃，锅里放一些土豆、豆花、莲藕、枸杞等。”主播不仅强调了骨髓的特点，还介绍了排骨的烹饪方法。

肚包肉的品质在于无防腐剂和添加剂。例如，“一千克肚包牛肉一般有 6~9 个，手工制作完之后就用真空包装保存，新鲜嫩滑，没有使用防腐剂和添加剂。”“外面是羊的肥肠，里面灌的是牛的后腿肉，煮出来白白胖胖的，吃在嘴里有种软糯的口感。”

（2）介绍优惠力度

主播在直播营销肉类产品的时候通常会赠送佐料包，或者其他赠品，如锅具等，以吸引用户关注，促使用户下单购买。

例如，“拍一份我们送一份，多拍多优惠，一份一斤。除此之外我们还送大家一瓶韭菜花蘸料，把肉煮熟直接蘸着吃就行；另外再送一瓶白蘑蘸料，大家可以用它配米饭、配馒头、配面条，吃起来有酱香的味道。”

（3）通过类比推荐商品

如果直播营销的肉类产品属于高端食品，主播介绍时面临的主要障碍就是用户缺少体验。毕竟对于很多高端食品，直接体验过的人很少。因此，主播要想让用户对自己推荐的肉类产品有所了解，可以类比用户熟悉的产品，这样用户就可以根据自己以往的了解来增进对新品的认识。

例如，某主播推荐的伊比利亚火腿，是一种来自西班牙的高端食品，很多用户平时没有购买这种产品的习惯。为了把自己的产品更好地介绍给用户，这位主播将伊比利亚火腿与我国众所周知的品牌做类比，使用户对该火腿产生了初步的认识：“伊比利亚火腿在西班牙的地位就类似于金华火腿在我国的地位。”

主播接着介绍伊比利亚火腿的特殊之处，强化其高端定位：“但是，伊比利亚火腿在制作方法上和我国火腿的区别很大，它对原材料的选择十分讲究。只有用西班牙本地一种特产猪的腿做成的火腿，才有资格叫伊比利亚火腿。”

主播描述这种火腿的细节，让用户对其产生好感："现在我们切一片火腿。你看，晶莹剔透，就好像汉白玉和红宝石有机地结合到了一起！"

主播还通过描述伊比利亚火腿的味道来勾起用户的食欲和好奇心："你们知道吗，这种火腿是可以直接吃的，保证安全、美味！它的口感实在是太好了！说真的，它和我国的火腿有很大的不同。当然，它们都很好吃，但伊比利亚火腿有一种独特的风味，你只有品尝了才知道。"

### 5.3.2 零食类、冲饮类产品直播营销话术

零食类产品有着丰富的细分类别，包括坚果炒货、饼干糕点、枣类制品、豆干菜干、蜜饯干果、膨化食品、肉干肉脯、甜品糖果等。冲饮类产品是近年来食品市场的畅销品，如麦片、藕粉、乳制品、速溶咖啡粉等。这两类产品分别凭借个性化的包装和"无糖""零添加"等标签吸引了用户的关注，主播在直播间常采用组合的售卖方式进行营销，有效地促进了产品的整体转化。

#### 1. 零食类产品

零食类产品的行业集中度高，产品单价较低。主播在竞争激烈的环境中，需要通过多样化的营销话术来形成自己的特色，以激发用户的观看兴趣，促使用户下单。

（1）强调品质

主播可以阐述历史文化，分享品牌故事，唤起用户儿时的记忆，既可强调产品的品质，又可加深用户对产品的印象。

例如，"清顺治六年（1649 年）创办的 ×× 堂，是有着 300 多年历史的老字号，一直秉承祖训。""这种食物最简单的吃法是在烤箱或微波炉里热一下，蘸着糖吃，很像我们小时候吃的油渣。""广东老字号 ×× 九制杨梅，我们小时候一买就是一大包，吃不完就很浪费，现在它是独立包装的。"

主播还可以讲述当地特色，宣传产品成分，让用户更加了解产品。例如，"椰子鸡是海南四大名菜之一，是用文昌鸡和天然椰子水做的，椰子水鲜甜，提味不抢味。""本土椰汁，是把新鲜的椰子破开，用果肉榨的。"

另外，主播可以说明产品的口味或制作过程，以激发用户的兴趣，增进用户的信任。

例如，"这种代餐零食有多种味道，有南瓜味、紫薯味、菠菜味，没有加糖，热量低，保质期为 60 天。""我们店做了 25 年罐头，有 11 条全自动的罐装生产线，产能全年达 10 万吨。"

（2）介绍食用方法和食用场景

主播在直播过程中通过介绍产品的不同食用方法和食用场景，能够增强用户的代入感，让用户的体验感更加真实。

例如，“一份 6 盒，两种口味，一种是桃子味，一种是橘子味，大家可以根据自己的口味下单，吃前放到冰箱冷藏一下会更好。”“吃法简单，朋友、亲戚来了，直接热一热就可以吃。”“这款蜜饯平时可以放在包里，坐车的时候如果晕车，可以吃点儿。”

主播在直播营销过程中还要有针对性地讲解不同的用户群体所需产品的特点。例如，“独立盒装，不容易碎，不含香精、色素、防腐剂，在端午节时可以送给长辈。”“一桶的量适合一个女生吃，老人、小孩也可以适量吃。一份 6 桶，用开水冲泡 10 分钟就能吃。”

（3）强调规格和价格

主播在直播营销过程中通常还要强调产品的规格和价格。

例如，“3 种口味各两桶，一共 6 桶，官网的价格是 59.9 元，在我的直播间只要 39.9 元。”“线下每包 29.9 元，在直播间购买，两包只要 39.9 元，来，准备下单！

### 2. 冲饮类产品

直播营销中冲饮类产品销量较高的主要有乳制品、咖啡、果味饮料和中老年人奶粉。主播在直播营销过程中要注意强调产品的成分、优势、适宜人群和食用方法等用户比较关心的内容。冲饮类产品主播直播现场图如图 5-1 所示。

图 5-1　冲饮类产品主播直播现场图

（1）说明成分

主播在介绍产品的成分时，要与产品说明书上的内容保持一致，可以从原料的产地、产品的配方等角度说明。

例如，“这款黄芪原产于甘肃，种植时间在 5 年以上，含有丰富的元素和营养。”“我们的枸杞原浆是宁夏中宁的新鲜枸杞原浆，我们坚持用低温压榨工艺，不加糖、色素、防腐剂、水。”

（2）强调优势

主播介绍产品的优势时可以从两个方面展开，一方面是产品的特性，另一方面是产品的功效。例如，“我们通过古法工艺，九蒸九晒，将黑芝麻中的油脂去除，并将黑芝麻研磨得细腻、易吸收。”

强调产品功效时，主播要实事求是，不能夸大其词。例如，“这一款产品的功效大家要理性看待，虽然它能够帮助肠道蠕动，但它不能替代药品。”

（3）说明适宜人群

主播在直播营销时还要明确说明产品的适宜人群。例如，“如果你是老师或讲师，平时说话比较多，就可以买些回去，这对保护嗓子很有用。”“黑芝麻饮品不挑人群，上至老人，下至小孩，都可以放心食用。”“孕妇是不可以喝这款饮品的，14 岁以下的人也不能喝，其他人基本可以喝。”

（4）介绍食用方法

主播可以一边在直播间介绍，一边亲自试饮。例如，“直接倒在热水里就好，喜欢脆的就少泡一会儿，喜欢稠一点的就泡久一点。”“白芸豆提取物要在饭前吃，饭后吃是没有什么作用的。”“很多女人过了 30 岁就开始吃燕窝，吃燕窝一点都不难，燕窝饮品只要放到热水里待 60 秒就可以食用。”

（5）产品验证

为了验证产品的质量，主播有时候还可以在直播间做一些小实验。例如，“每次泡水就放 20 粒，在碱性的水里泡出来是蓝色的，在酸性的水里泡出来是紫色的。这是花青素的特性，在不同性质的水里颜色不同，也说明我们没有给枸杞染色。”

为了赢得用户的信任，主播还可以承诺产品的售后服务，从而增强用户的购买信心。例如，“如果你担心我们的黄芪不好，或者没喝过，不知道自己喜不喜欢黄芪的味道，我们从您收到货开始免费让您喝 7 天，您不满意盖上盖子退货就好。今天的直播只为宣传品牌。”

主播在直播间还可以拿出产品的相关检验报告，或者利用数据、权威背书等快速赢得用户的信任，促使用户下单。

## 【思考与练习】

1. 美食类商品直播营销话术规范有哪些？
2. 美食类商品直播营销话术设计要点是什么？
3. 观看两场美食“带货”主播的直播，记录主播的直播营销话术要点并进行对比。

第 6 章

# 美妆类直播营销话术

【学习目标】

- 了解美妆类直播营销话术规范。
- 掌握美妆类直播营销话术设计要点。
- 掌握美妆类直播营销流程话术。
- 掌握美妆类直播营销话术中的常用词。
- 掌握不同类型美妆主播的直播营销话术的差异。
- 掌握不同品类的美妆单品的直播营销话术。

《直播带货风靡下的美妆行业市场洞察》报告显示，普通用户倾向于观看服饰类及食品类的直播，而近 50% 的资深用户更倾向于观看美妆类的直播。的确，美妆行业非常适合开展直播营销，主播通过场景化的讲解向用户分享美妆技巧，能够让用户近距离地感受产品的质地和效果，快速赢得用户的信任，从而提升产品的转化率。随着直播营销的发展，越来越多的人纷纷进入美妆行业进行直播营销。美妆类主播在产品讲解中最重要的是保证产品功效真实、可靠，这是使用直播营销话术的前提和关键。

## 6.1 美妆类直播营销话术概述

### 6.1.1 美妆类直播营销话术规范

美妆类主播在进行直播营销前，除了要遵守一般性规范要求，还需要了解美妆类直播的垂直行业要求。以抖音平台为例，其规范如下。

#### 1. 直播营销话术与产品信息一致

抖音平台要求美妆类主播的直播营销话术与产品信息一致，包括产品的品牌、功能、质地、产地等各类信息都要保持一致。此外，主播在口红试色、眼影试色等环节，不仅要求直播营销话术要与产品信息一致，而且表现产品属性的图片或视频也需要美化得当。

#### 2. 产品功效表达真实、规范

美妆类主播在直播营销过程中，不得对产品的名称、制法、成分、效果或性能进行虚假夸大，不得使用他人名义夸大对比使用前后的效果，不得宣传祛斑、除臭、育发、染发、烫发、脱毛、健美、防晒、美白等非特殊用途的化妆品拥有特殊功效，不得使用“最新创作”“最新发明”“纯天然制品”“无副作用”等绝对化词语。此外，主播不得贬低其他同类产品等。

### 6.1.2 美妆类直播营销话术设计要点

美妆类主播的产品讲解要点主要围绕产品属性、产品作用与功效展开，具体内容如表 6-1 所示。

表 6-1　美妆类产品直播营销话术设计要点

| 维度 | 直播讲解重点 |
| --- | --- |
| 产品属性 | 产品的成分、质量、色号、形状、使用方法等 |
| 产品的作用与功效 | 改善暗沉，保湿补水，提亮肤色，控油，水光（光泽度），不容易过敏等 |

### 1. 产品属性

美妆类产品的属性主要是指产品的成分、质量、色号、形状、使用方法等。美妆类产品又可以细分为不同的类型，如护肤类、彩妆类和美妆工具类。

护肤类产品的主要属性包括产品的成分、质量、滋润度、质地等，彩妆类产品的主要属性包括产品的色号、遮瑕度、形状、质地等，美妆工具类产品的主要属性包括产品的使用方法、安全保障等。例如，“这款粉底液质地非常清透，含有 ×× 养肤成分，用的磨砂瓶也很漂亮，商家还很贴心，特意区分了干性和油性肤质……”

需要注意的是，在产品属性中，人们对美妆类产品的成分的关注度越来越高，很多人会因为产品含有某种有效成分而产生购买意愿。

主播在描述产品属性时，通常会使用具备通感特征的词语，将人的视觉、嗅觉、触觉等不同感觉融合，快速让用户了解产品的使用体验，在不知不觉间加深用户对产品的印象。例如，视觉类的词语有“莹润透明”“色彩饱满”“泡沫丰富”等，嗅觉类的词语有“芳香持久”“清香淡雅”等，触觉类的词语有“柔滑细腻”“触感顺滑”等。主播可以根据产品的实际情况将这些词进行组合，重点突出产品的某种属性。

### 2. 产品作用与功效

主播在描述产品作用与功效时，首先要清楚产品的适用人群，这样才能有针对性地进行推荐，讲解产品的特定功能和用途，使用户更容易接受。

例如，某品牌益生菌护肤套装可以维持皮肤有益菌，拯救“熬夜肌”，其目标人群就是经常熬夜的用户。

针对该护肤套装，主播的直播营销话术如下。

“有益菌是维持皮肤健康的核心，其作用有三：一是维稳，守护肌肤屏障，形成肌肤保护膜，抵御外界有害菌群；二是平衡，管理肌肤状态，维持皮肤弱酸性，形成皮肤的微生态平衡；三是美肤，管理水油平衡，带来透亮肌肤，由内到外，多重修护，重塑强健肌底。”

主播还可以亲自试用或利用科学实测进行验证，或者展示检测报告，让用户知道产品符合生产标准，可以放心使用。

此外，主播还可以展示使用产品后的效果，如向用户展示涂上粉底和涂上眼影后的效果。主播也可以向用户分享使用技巧，一边化妆一边展示产品，既告知用户使用产品的步骤，又可以让用户直观地看到使用后的效果。

### 6.1.3 美妆类直播营销流程话术

如今美妆类产品已经成为很多人的必需品，而且主播在直播间售卖的产品的价格普遍比实体店低，品种也十分丰富，再加上主播能对产品进行细致的介绍和展示，越来越多的人选择在直播间购买美妆类产品。

美妆类主播要想在直播营销中取得不错的业绩，就要掌握好美妆类直播营销流程话术，包括开场白话术、产品讲解话术与互动话术等。只有运用好这些话术，主播才有可能成功地完成一场直播。

#### 1. 开场白话术

在开展美妆类直播营销时，主播的开场要有趣，能给直播间的用户带来快乐，这样才能留住用户，吸引用户继续观看直播。因此，主播在开播前要去寻找、创造有趣的事情，即便本人在日常生活中并不幽默，也要想办法设置一些幽默有趣的环节，让直播变得有趣起来。

主播在直播前可以先准备一些大家喜闻乐见的段子，将产品与段子巧妙地结合起来，这样能取得良好的效果。

（1）自嘲

主播可以通过自嘲的方式开场，给用户留下幽默的印象。主播要把握好自嘲的尺度，不仅要让用户喜欢自己，还要说服他们，让他们自愿购买自己推荐的产品。需要注意的是，主播不要调侃品牌，更不要调侃用户。

例如，“朋友们，欢迎大家来到我的直播间，这一场直播我要推荐几款指甲油。如果你们喜欢一些颜色比较有个性的指甲油，如青色、紫色之类的，要尽量选择看上去光泽饱满的，涂的时候要尽量涂满所有的指甲。我有一次只涂了大脚趾，朋友们见了都提醒我要小心点，别让门夹了脚。”

（2）赞美

主播可以真诚地赞美用户，用赞美的语言拉近与用户的关系。

例如，“前几天我在直播中向大家推荐了一款化妆品。这两天出了一则因为不当使用这款化妆品而造成皮肤受损的新闻，很多朋友给我留言，询问这款化妆品的质量如何。这则新闻已经明确解释过，使用者是因为使用不当而使皮肤受损的，与产品本身并没有关系。我相信大家都是很聪明的，都是有独立思考能力的，不会轻信网上的一些流言。大家只要按照说明书正确地使用这款产品，它就会让你看起来更加美丽。”

主播在赞美他人时，最重要的不是把话说得八面玲珑，而是要真诚。赞美的话要切合实际，不能带有明显的目的性，否则可能会适得其反。

（3）做好内容预告

主播要做好内容预告，以激发用户的好奇心，吸引用户关注。主播可以从推荐产品的品牌或价格等角度切入，吸引用户留在直播间。主播在预告中可以使用“特别”“值得期待”这样的词，以激发用户对产品的兴趣。

例如，“今天直播间推荐的化妆品品牌有……至于是这些品牌旗下的哪些产品，我先不说，等会儿正式直播的时候，我会一个一个来揭晓。不过，我可以告诉大家，今天直播的产品非常特别，很值得期待哦！”

“今天直播间推荐的产品种类非常丰富，有护肤类、彩妆类、卸妆类等，每一款产品都是我们精挑细选出来的。”

“今天直播间推荐的所有产品，我们都为大家争取到了一个很大的优惠，真的是买到就赚到。如果你今天没有守在屏幕前，那真是吃了大亏了。”

## 2. 产品讲解话术

主播向用户介绍产品前要洞察用户的需求，明确产品的适用群体。很多美妆类产品都有特定的功能和用途，在推荐这些产品时，主播要描述清楚它们适合哪些肤质或肤色的人，可以打造什么样的妆容，取得什么样的效果等，以免用户买到不适合自己的产品。

（1）产品介绍要有针对性

美妆类产品不同于其他产品，一般有比较强的针对性，一款不合适的产品带给用户的体验肯定也不好。如果用户因此对产品和主播产生误解，那么带来的损失是无法估量的。因此，当用户对并不适合自己的产品产生兴趣时，主播要坚持自己的立场，不能为了卖货而无视原则，甚至做出错误的引导。

主播在询问用户的个人情况或表达个人意见时，要注意自己的措辞，尽量使用中性词，以免引发用户的不满。例如，在询问肤色时，主播最好不要直接说“黑”，而要用“健康色”或“小麦色”来描述。

例如，“这款护肤品是专门为油性皮肤打造的，它非常清爽，就算是在夏天用也不会有油腻感。但是，干皮的朋友就不要买这款了，因为这款实在太清爽了，满足不了干燥皮肤的需求……”

“这款粉底液的遮瑕效果是比较好的，可以盖掉你皮肤上大部分的瑕疵。它一共有 12 个色号，可以满足大家不同的需求……至于色号选择，主要看你是什么肤色了，是娇嫩白皙的，还是小麦色的……”

（2）分享使用体验

主播向用户介绍产品时，可以一边试用产品，一边分享自身的体验，让用户直观地看到使用产品后的效果，这比视频、图片或广告词都更有说服力。例如，“它的粉扑虽然厚，但很柔软，上面的绒毛非常亲肤。”主播一边说一边把粉扑放到镜头面前，让用户更清晰地看到粉扑的厚度和上面柔软的绒毛。

“我现在的皮肤有一点点出油，看，使用这款粉扑完全不卡粉，定妆效果很好。这款粉扑会让皮肤看起来像开了一层滤镜，油性皮肤和干燥皮肤都可以用这款散粉！”主播在介绍的同时，可以先向用户展示自己皮肤微微出油的状况，简单用粉扑上妆后，再次靠近镜头，展示使用产品之后的效果。

主播在向用户展示产品时要用语言制造画面感，带给用户清晰、直观的感受。在分享使用体验时，主播还可以设计一些小环节，以此突出产品的特点。主播可以只卸一半的妆容，以此和另一半脸形成鲜明的对比，突出卸妆产品的效果；也可以同时在脸上使用不同色号的粉底液，让用户更清晰地看到不同色号粉底液的效果对比。

例如，“每天卸妆真的很麻烦，但是，福利来了——这款拥有卸妆功能的洁面乳！一支洁面乳就能包办卸妆、洗脸。那么，它的卸妆效果怎么样呢？我们可以来试试看，正好我今天化了妆，我们就用这支洁面乳来洗一下，就洗左半边脸好了，然后做个对比……”

（3）强调产品卖点

在介绍美妆类产品时，主播要找到自己推荐的产品的卖点，如美白、使用便捷等。主播应通过强调产品的卖点来加深用户对产品的印象，促使用户购买产品。

例如，“接下来，我要介绍一款能令人变美的产品。在介绍这款产品前，我想问一问，直播间里有没有特别爱洗澡的女生？特别是那些角质层比较厚的女生，是不是特别想将这些东西洗掉？你们的福音来喽！我推荐的就是这款柠檬味磨砂膏。这款产品我也在用，它含有精油成分，洗完之后皮肤会很光滑，尤其适合那些皮肤暗沉的女生，它能在一定程度上改善肤色，它的柠檬香味也会让你变得更有魅力哦……”

“一到秋冬季节，很多人的脸就干到起皮，根本没法上妆。我推荐的这款爽肤水，你当天晚上用，隔天早上就能感受到皮肤像是喝饱了水，上妆后的效果很好。此外，它还有收敛毛孔的作用，让你的皮肤变得像剥了壳的鸡蛋一样光滑……”

“唇膏几乎是秋冬季节人们必备的产品，因为是涂在嘴上的，所以我们对它的安全性有很高的要求。我今天要推荐的唇膏，它的成分特别安全，有山茶油、蜂蜡、玫瑰、水……”

### 3. 互动话术

直播营销最大的优势就是主播能与用户实时互动。主播是直播间气氛的掌控者，主播与用户积极互动，活跃直播间的氛围，有助于提升直播间产品的转化率。

（1）给用户一个专属称呼

在人际交往中，称呼能直观反映彼此之间的关系，也能反映出人与人之间的亲密程度。直播过程中，主播给用户一个恰当的专属称呼，能够快速拉近与用户之间的距离。例如，某主播给自己的用户取的专属称呼是“所有女生”，很多用户表示，只要听到这一称呼，就会产生一种学生时代被点名的感觉，从而有购买的冲动。

美妆类产品的主力消费群体是女性用户，美妆直播的绝大部分潜在目标用户也是女性。因此，在给用户取专属称呼的时候，主播最好取一些比较可爱的、女性化的昵称。例如，“直播间的小可爱们，我接下来要给你们推荐一款……这款产品的性价比这么高，买到就是赚到！”

（2）与进入直播间的新用户打招呼

要想保证直播间的流量，并且更好地完成销售任务，主播除了要能吸引新用户，更要能留住新用户。要想留住新用户，主播就要想办法给新用户留下良好的第一印象。主播如果主动和进入直播间的新用户打招呼，往往非常容易获得他们的好感，给对方留下良好的第一印象。

主播主动打招呼会让新用户产生被重视的感觉，进而产生一种补偿心理，即便原本打算立即退出，也会因此而留下来观望一下。只要能暂时把新用户留下，主播就有机会在接下来的时间里用产品或个人魅力吸引新用户，把新用户发展成为忠实用户。例如，“××，你好，欢迎来到我的直播间，是第一次来吧？我们今天有非常不错的优惠哦，您可以关注一下。谢谢您的支持！”

（3）制造话题，引发讨论

人们一般都有表达欲，当一个人发现某个话题是自己比较了解的，那么其参与讨论的欲望就会比较强烈。主播在直播时可以抛出一个人人都能参与并有兴趣参与的话题，激发用户的参与热情，从而很好地开展互动。主播可以把新闻时事、影视剧等作为切入点来引发用户的热烈讨论。

例如，“最近热映的《××》是不是很好看？其实主角在剧里的发型不是烫出来的，烫发是做不出那种效果的。不过要做那样的发型也不难，你只需要一个吹风机、一个夹板，还有一个很重要的东西——定型水！对，就是我手里这款！发蜡不行，它太厚重了，做不出那种飘逸感……”

### 6.1.4　美妆类直播营销话术中的常用词

美妆类产品与其他产品不同，主播在直播营销过程中会用到一些常用词。

#### 1.　“种草”与“拔草”

“种草”与“拔草”都属于网络词，“草”可以理解为强烈的购买欲，“种草”就是指人们通过某种渠道得知一款好物并对它产生兴趣，有了强烈的购买欲望；而“拔草”的含义相反，是指消除购买欲望，取消了购买的计划。主播或用户认为某款产品不好用时常使用“拔草”这个词。不过，随着“拔草”使用得越来越广泛，它如今有了常见的第二层含义——将原来想要购买又一直没买的东西买回来了。

2. “搓泥”

“搓泥”可以理解为人们使用护肤品或化妆品时，相关产品在皮肤上用手指一搓就产生了“泥状物”。一般质地厚重的霜状类护肤品或化妆品，当叠加层数多时就会出现“搓泥”的现象。

3. “拔干”

“拔干”在这里的含义就是缺水。有些护肤品号称补水，但是实际用起来不仅没有补水效果，甚至还会倒吸皮肤中的水分，用户使用之后感觉皮肤比使用之前还要干，这时其就会使用“拔干”这个词。

4. “冷皮”与“暖皮”

“冷皮”“暖皮”不是指用户的皮肤温度，而是指用户皮肤的色调。主播在直播间推荐美妆类产品的时候，要向用户介绍如何对自己皮肤的色调进行自查，再进行粉底或口红的营销，这样就能切实帮助用户解决问题。

5. “假滑”

“假滑”常常涉及一些含硅的护肤品。用户将其涂在脸上以后，摸起来会感觉很光滑，但是实际上这种护肤品并没有使皮肤真正变好，只是用户在涂抹的当下有光滑的膜感而已，所以称作“假滑”。

6. “刷酸”

用户使用含有水杨酸、果酸等成分的酸类护肤品解决皮肤问题被称为“刷酸”，其实质就是利用酸类对皮肤的强大渗透力来改善肌肤的干燥和角质化问题，进而促进肌肤新陈代谢，剥离老旧角质层，唤醒新的健康肌肤。

7. “耐受”

“耐受”也是主播在美妆类产品的直播中经常使用的词语。它经常指用户对美妆类产品的过敏反应程度。如果用户对美妆类产品的过敏反应程度低，则说明用户的皮肤耐受性好，反之则耐受性差。

## 6.2 不同类型美妆主播直播营销话术

美妆主播结合个人的人设定位可以设计不同类型的直播营销话术。美妆主播的经验不同、类型不同，其直播营销话术也存在差异。

### 6.2.1　护肤类主播直播营销话术

不同的护肤类主播塑造的人设不同，采用的直播营销话术也存在差异，下面来分析两名护肤类主播在直播营销话术上的差异。

#### 1. 护肤类主播 A

人设定位是对人格化内容的区别，是主播为了让用户对自己产生深刻的印象和好感，并且能快速记住自己而进行的一种自我定位。例如，护肤类主播 A 大学毕业后成为一名化妆品专柜美容顾问，积累了丰富的美妆专业知识，因此他在直播营销中的人设就是专业美妆人士。

在直播中，他经常使用一些固定的词来称呼用户，例如，“所有女生，冲吧！这个非常好用……”“所有女生”作为统称词，一下子就抓住了用户的注意力。有的用户形象地评论说，每到这时甚至还想喊声“到”。这说明主播 A 的互动能力强，能快速调动直播间的气氛。

主播 A 常按一定的顺序，采用相应的直播营销话术进行直播营销。

（1）描述场景，引出问题

主播 A 在直播营销时常使用描述应用场景的方法，引出问题，突出产品亮点。不仅如此，他还会拓展潜在用户群体。他先以“反复过敏的女生”“痘痘严重的女生”等直接圈出受众，然后说出“皮肤红肿”“皮肤发痒”“起皮紧绷”“角质层过薄”“干痒”“刺痛”等她们会面临的困扰，以及这些问题可能会造成的严重后果，从而在心理上给用户购买产品提供了理由。

（2）多方验证，提升信任

为了提升用户对产品和自己的信任，主播 A 也会在直播中向用户分享自己的丰富经验。例如，“这款产品我们之前在抖音已经卖了 10 万套。”“我卖这款产品之前，旗舰店已经销售了 2 万份。”

主播 A 用以上描述来衬托产品的优势，给用户吃下了“定心丸”。他也会用“自用款”来为产品做担保。为了证明产品真的好用，他会使用类似“我一直在用的产品”“我已经用了两盒了，出差也天天带着”这样的表述。

（3）限时限量，促使下单

除此之外，主播 A 很擅长引导和控制营销的节奏。一般情况下，他会控制每次上架产品的数量，将一款产品分为 3~4 次上架，每次售完后再补货。同时他也会随时播报产品的库存，例如“卖完了”“最后 5000 套”“卖完就没了”等表述，甚至还会播报余下库存，“500、300、100……没了”，给用户带来紧迫感。他会不断重复和强调直播间的价格优势，多次提到“免费”“× 折”等重点词，还会将产品的平时价格和直播间价格列在一起进行直观的对比，从而突出直播间的优惠力度，告诉用户在他的直播间里能享受低价。

### 2. 护肤类主播 B

护肤类主播 B 是一名从北京电影学院毕业后转型做主播的“90 后”女演员。她曾经主演过电视剧，后来入驻淘宝平台，从事美妆护肤产品的直播营销。她还获得过淘宝直播盛典年度十佳主播奖项，曾代表主播团上台致辞。

主播 B 的直播营销话术特点是轻松、活泼。例如，“说实话，你以为这就结束了吗？肯定不可能，福利一定要大。没关注的用户，一定要先点击屏幕上方的‘关注’啊。”

### 3. 主播直播营销话术对比

同样是推荐一款产品，不同主播的直播营销话术会有不同。下面以营销 ×× 品牌小白瓶为例，学习和分析两名主播在讲述产品的品牌故事，以及介绍产品属性、使用效果和价格优势方面的直播营销话术。

两名主播的直播营销话术的对比如下。

（1）品牌故事

主播 A 介绍品牌时会从品牌历史讲起，然后谈到品牌的技术工艺。

例如，“××品牌是从 1967 年开始研究珍珠美学护肤的，到现在已经有 50 多年的历史了。它具有从生产、提取到研发的‘一条龙’的生产线。”

而主播 B 认为用户都了解品牌，只是简单提及，并没有详细介绍。例如，“这个品牌大家都知道，是很老的品牌了。”主播 B 对品牌价值的重视显然不够，这会在一定程度上影响后续的销售。

（2）产品属性

主播 A 在直播中往往会提到产品的专利技术、成分等。例如，“它里面还添加了珍珠多肽，有光甘草定这个成分，可以提亮肤色，抑制黑色素的生成，能从源头帮大家解决一些皮肤问题。”

而主播 B 在介绍产品的时候较多地讲述自我使用感受。例如，“如果你的眼皮经常会肿，推荐使用这款眼膜，它能够快速消肿，减轻色素沉淀。我也用过，敷起来很舒服。眼膜含有珍珠精华，能够有效淡化黑眼圈。”

（3）使用效果

主播 A 在介绍产品使用效果的时候更加注重细节。例如，“你把它轻轻地涂抹开之后，会感受到锁水效果可以持续一整天。”“手指会越来越白，皮肤也越来越好。”

而主播 B 的描述往往不够具象，可信度不高。例如，“这些美白淡斑类型的产品里面，这个品牌的产品很温和。”“我自己也买了好多瓶。”

（4）价格优势

主播 A 在介绍产品价格优势的时候，会将直播间的产品价格与实体店的同款产品进行对比。例如，“一瓶 500 元的面霜，今天在我们直播间下单购买，就可参与满 300 元领 200 元优惠券的活动，300 元就可以把面霜买到手，而且买它还可免费获得价值 200 元的玫瑰面膜。我们的优惠力度真的很大。”

而主播 B 没有借助任何参照物，往往直接说出产品价格。例如，“我加量不加价，今天的价格很低，35 毫升的产品到手价仅为 168.9 元。”

### 6.2.2 化妆类主播直播营销话术

化妆类产品主要是用来修饰仪容的，可以使整个人的面貌焕然一新。化妆类主播在直播间推荐产品时要重点突出产品对人的美化作用，但也要根据不同人群的具体特征有针对性地进行介绍。

#### 1. 了解用户需求

在向用户推荐化妆类产品时，主播要先了解用户的需求。例如，“在选色号时，大家要看自己的肤色是什么样的，是比较白的，还是小麦色的……”

如果用户执意购买不适合自己的产品，主播可以这样劝导：“你真的要选这个色号吗？这个颜色真的不合适，除非你的脸白到发光，没有瑕疵，不然你使用这个色号就会显得很不协调。不过如果你执意要选择，我也尊重你，但我还是想很负责任地告诉你，这个色号真的不适合你，最好不要选择它。”

#### 2. 边使用边介绍

与传统的网络购物不同，直播营销的最大优势就在于用户可以通过主播对产品的全方位展示和使用示范，更直观、深入地了解产品。这比图片和文字的介绍要详细和具体得多，也比拍摄的广告宣传片要真实得多。主播应充分利用直播营销的这一优势，更有效地激发用户的购买欲望。因此，主播在推荐产品时最好边使用边介绍，同时说明自己的使用体验，使用户可以直观地看到产品的使用效果，这比任何广告都管用。

例如，某主播在推荐一款散粉时这样说：“什么叫比烟还要细的散粉——3，2，1——看，烟雾缭绕！”主播在说话的同时用手抖动粉扑，粉扑上的散粉飘散开，形成细腻的烟雾。

“它的粉质真的十分细腻，把它打开，完全不会飞粉。”主播一边介绍，一边打开散粉盒，在镜头前反复展示。

#### 3. 突出产品的性价比

性价比高，即物美价廉，这是用户普遍追求的产品特征，主播在推荐化妆类产品时也要懂得突出其性价比。不过，用户可能对物美价廉的化妆类产品抱有怀疑，因为选择化妆类产品时稍有不慎，皮肤就会出现各种问题。因此，主播要进行专业的介绍，把产品功效、成分和价格都说清楚，以最大限度地打消用户的疑虑。

例如，某主播与搭档在直播间推荐一款粉底液时有如下对话。

主播："接下来咱们聊一聊夏天最怕什么。我最怕的是毒辣辣的太阳和烦人的蚊子。"

搭档："我是油性皮肤，最怕脱妆。"

主播："是啊，对于油性皮肤的人来说，脱妆是很麻烦的事情。不过没关系，这个夏天我送你一个'日不落'。"

搭档："'日不落'是什么？"

主播："'日不落'是一款平价粉底液，它容易推开，质地很清透，还富含××养肤成分。这款产品的包装也很好看，瓶子是磨砂材质的，商家很贴心地区分了干燥皮肤和油性皮肤……总体来说，这款产品的性价比很高。"

### 4. 突出产品的安全性

化妆类产品是与人的皮肤密切接触的产品，人们对其安全性有很高的要求。因此，主播可以重点突出产品的安全性，介绍产品的成分和功效。

例如，在推荐某款指甲油时，主播这样说："我今天要推荐的这款指甲油，闻起来有股淡淡的草木香。事实上，其主要成分就是草本植物提取物，大家都可以放心使用。"

### 5. 重点介绍产品的卖点

一个好的妆容应当给人一种自然、舒服的感觉，而化妆需要打底、遮瑕、画眼妆和眉毛、定妆等，如果使用的化妆品上妆和定妆的效果不好，妆容也就很难维持。因此，对于化妆类产品来说，好上妆、不脱妆是人们对其的硬性要求，这是产品的卖点。

例如，某主播在推荐某款粉底液时是这样介绍的："一到夏天我们的皮肤就容易出油，妆容再好有时也会糊成一团，所以在夏天应该用一款轻薄、持久的粉底液。我今天给大家推荐的这款粉底液可以做到夏日持久定妆，是××品牌旗下的产品。这款粉底液的延展性很好，很容易上妆。因为粉底液里含有显色微粒，所以上完妆之后仿佛磨过皮，而且看上去很自然。

### 6. 构建场景来点出需求

主播可以围绕产品用途来构建一个日常生活中每个人都可能遇到的场景，这样很容易引起用户的共鸣，提高用户的活跃度，使用户积极参与话题讨论。在构建完某个场景之后，主播还要在场景中设置一个很平常和普遍的问题，从而点出用户的需求。例如，某主播在推荐一款口红时这样说："早上起来，气色不好，上班时间又快到了，在这种情况下，如果只来得及为一个部位上妆，那当然首选唇部。这款口红……"

### 7. 合理消除用户质疑

直播营销作为一种新兴的营销方式，难免有人会对产品提出质疑。面对这种情况，主播不要直接辩驳，而是应当对产品的质量和售后服务做出承诺，并一再强调产品物美价廉的原因，激发用户的购买欲望。

例如，某主播在推荐某款化妆类产品时，一位用户频频发言，认为直播间的产品都是假货，不然不可能这么便宜。该主播没有直接反驳用户的质疑，也没有辩解，而是向用户做出承诺：“大家都知道，这是这个品牌与我们的第一次合作，而且由于这款产品太好了，销量一直不错，所以网络上有很多假货。为了打消大家的疑虑，我在这里郑重做出承诺，如果你在我们的直播间买到假货，我们立刻全额退款。你们看，每一件产品都是有防伪码的，大家可以查验。我们在发货时会登记，杜绝一切造假的可能。因为我们和这个品牌是首次合作，所以这次品牌给出了一个很低的价格，特别实惠。这款产品真的太好卖了，错过这次机会，下次很难再以这个价格买到它了……”

## 6.3 美妆类单品直播营销话术

根据艾瑞咨询的数据，电商的美妆类产品的市场需求为 50%~60%，远超服饰类与家电类等其他品类。美妆类产品的种类丰富、使用频率高，行业竞争激烈，对主播的直播营销话术要求也更高。

### 6.3.1 彩妆类单品直播营销话术

彩妆类是美妆产品的一大类别。彩妆类产品的作用是为人们的皮肤增添色彩，使其更具魅力。定妆蜜粉、蜜粉饼等是彩妆类产品中的重要类别，具有定妆、遮瑕的效果，可以提升人的魅力，是女性的基础美容产品，也是易耗品。

彩妆类具体产品的直播营销话术如下。

#### 1. 定妆蜜粉

定妆产品的品种多样，有的主播在确定产品的讲解顺序时，会通过与直播间用户互动的方式来确定。例如，“想要听补妆产品的评论‘1’，想要听定妆蜜粉的评论‘4’。想要听定妆蜜粉的比较多，那我就先讲 4 号。”

主播应针对不同的目标用户群体，根据其不同肤质推荐不同色号的产品。例如，“如果你的肌肤爱出油、爱出汗，拍 4 号链接的 03 色号，它是粉质轻如烟、定格‘空气妆’的一款，能 8 小时长效控油定妆。”“如果你是干燥皮肤，拍 02 色号。”“想要微微提亮肤色的，拍 01 色号”。

主播还可以在直播营销中介绍和分享产品的使用方法与技巧，凸显自身的专业性。例如，“定妆的方法就是你打开这款蜜粉，取粉之后，从面部外围向里面摁压。不要用力摁，否则会把底妆带下来。定妆蜜粉是不遮瑕的，定妆不遮瑕，遮瑕不定妆。”

#### 2. 蜜粉饼

在推荐这款产品前，主播先通过直播互动了解用户的痛点和需求，提出大部分用户都存在的问题，再引入产品，目的是引起用户的共鸣，激发用户对产品的关注。例如，“如果你是夏天容易出油的人，给我评论个‘油’字，夏天爱出汗、爱脱妆的给我评论个‘油’字，尤其是一出门戴口罩就容易脱妆的人给我评论个‘油’字。”

主播可以这样回应上面提到的问题：“我推荐的这一款很适合油性皮肤，尤其适合容易出汗、容易脱妆的人。”接着，主播展开对产品属性的介绍：“这款产品不容易飞粉，更适合出门化妆，可实现补妆、定妆二合一。”

然后，主播要强调产品的效果和价值。例如，“这一款蚕丝蜜粉饼，增加了粉体的细腻度和亲肤度，能让你的皮肤非常细腻。”“很多女生觉得彩妆类产品含有重金属，所以不敢用，皮肤过敏的女生甚至用一次就会过敏一次。但是我今天推荐的这一款产品很适合敏感性皮肤，因为它的主要成分有海藻、玫瑰花提取物、火山泥……”

同时，主播还要提醒用户关注直播间，增强用户的黏性。例如，“没有关注的先关注直播间，关注了才能领优惠券哦。谢谢你们的支持和理解，只要认准我们直播间就好了。”

#### 3. 眉笔

主播可先在助理脸上试用一下眉笔，边试用边讲解产品。例如，“它是用粉压成的膏体，不会有断层。笔头一粗一细，方便大家画出一根一根很顺滑的眉毛。”“它画出来的不是那种很粗的线，而是很柔的线条。”“我手上涂了防晒霜，你看，也能画出眉毛根根分明的感觉。而且它不用削，是自动眉笔，上色非常均匀，漂亮而不夸张。”

主播最后应针对不同人群推荐不同色号，方便用户下单。例如，“建议没有染头发的女生买 5 号色，跟我一样染了淡棕色的姐妹就买 3 号色。眉笔上链接了，记得先付 5 元定金哦。”

#### 4. 修容粉

在推荐修容粉时，主播可以先以素颜示人。如果有用户认为主播素颜不好看，主播不要反驳，也不要生气，而是开启自嘲模式，并最终回归到产品的讲解，即迂回地讲解推荐的产品有多好。例如，“我的长相太平凡？应该不只是平凡，是有点儿丑吧？我的眼睛很小，嘴巴太大，鼻子太塌……唉，这么一说，我怎么觉得自己很像怪物史莱克呢？还好不是绿色的。”

主播说完后，用修容粉给自己化妆，然后对用户说：“大家看啊，是不是变得好看一点儿了呢，可见这套产品有多值得入手了吧。不要错过让自己变美的机会！”

### 6.3.2 护肤类单品直播营销话术

与彩妆人群对眼影、粉饼、眼线笔等彩妆类产品偏好度较高不同，护肤人群更倾向于落实全流程护肤。下面介绍主要的护肤类产品直播营销话术。

#### 1. 修护霜

快手平台某美妆主播开播 3 个月，用户数量就达到 120 万人，快手小店的产品总销量达到 73.2 万件，在产品品质、服务态度、物流服务等方面都高于快手平台主播的平均值。在推荐修护霜时，他会首先介绍修护霜的属性。例如，“×× 品牌新出的修护冰沙霜，冰沙质地，一抹化水。”

然后，他进一步说明这款产品在白天和晚上的用途以及成分等，扩大了适用人群的范围。例如，“夏天油痘肌的用户在晚上可以厚厚地涂一层，当面膜使用；白天薄薄地涂一层，当面霜使用。”“敏感肌肤的朋友都可以使用。”

最后，他会强调价格，通过价格方面的对比，增强用户对产品的可感知价值，以促使用户下单。例如，“平时你去买任何一个知名品牌的同类修护霜，旗舰店价格几乎都不低于 150 元，在我的直播间，新品尝鲜价为 49.9 元，买一瓶送一瓶。”

### 2. 防晒霜

主播介绍这类产品的时候可从产品成分入手，突出产品的优势。例如，“这款防晒霜集防晒、隔离功能于一体。”“这一款很清爽，不黏，不油腻。”“它是比较水润的，有点‘爆水’的感觉。”“你看一下这两只手，这只是被微微提亮了的。”

主播为了说明产品的作用、功效，可加入产品特点和针对用户痛点的讲解。例如，“我用的就是这款长效防晒霜，它是物理防晒与化学防晒结合的一款防晒霜。”

最后，主播要通过优惠价格激发用户下单的欲望。例如，“拍 1 号链接可以领优惠券，使用优惠券后的价格为 189 元。”

“想要优先发货的在评论区评论‘已拍’，后台工作人员会给大家登记的，48 小时之内优先发货。”

“可以直接拍两件，单笔订单实付满 258 元的可以获得一个双面美人镜。直播间今天还有满 300 元减 25 元的券，没有关注直播间的用户关注一下，领一下优惠券。”

“我在直播间已经推荐了很多次这款防晒霜，我为什么推荐它？因为它是 ×× 牌防晒霜中的平价款，很多名人都在用。它在 ×× 平台的售价为 299 元，但在我的直播间只卖 199 元……”

“我今天推荐的是一款非常好用的平价防晒霜，它的效果、成分一点儿也不输给大品牌。不过，它的价格却比较低。今天在我的直播间，只要购买这款产品，我就送大家一个小礼品，小礼品的售价等同于我今天推荐的产品的价格。也就是说，今天的产品相当于买一赠一……”

“我今天推荐的这款防晒霜虽然是一款平价产品，但是用过它的人都觉得它非常好用。这款产品平时的官方售价是 299 元，在我的直播间出现过的最低价格为 199 元。但是今天，这款产品在我的直播间只需要 99 元……”

### 3. 水乳

人们的肤质不同，皮肤对于护肤品的适应力也不同。如果皮肤的适应力很弱，一旦产品中的某种成分是皮肤不耐受的，皮肤就会出现过敏反应，如红肿、起痘等。因此，皮肤敏感的人在购买护肤品时十分慎重，很多人以“我怕过敏”为理由拒绝购买。

皮肤过敏的人对护肤品的要求是安全，而安全取决于产品的成分。很多人会在直播间询问主播产品的成分有哪些，产品是否适合敏感肌等。

主播要理解这类用户的心理及其顾虑，主动出击，详细而专业地介绍产品的成分及使用效果。水乳是日常护肤中必不可少的护肤品，主播在推荐水乳时，要确保推荐的产品抗过敏。

例如，某主播在直播间推荐某款水乳时这样说："一到换季的时候，很多人的脸就变得很敏感，使用的水乳稍微有一点儿不温和，脸就会泛红或红肿。我今天给大家推荐的是一款敏感皮肤也可以放心使用的水乳，其主要成分是蒸馏水和 ×× 提取液。这种提取液很温和，能很好地被肌肤吸收，不但不会伤害肌肤，而且能有效修复受损的肌肤。不管是敏感肌肤，还是其他人群，都可以放心使用。"

### 4. 面膜

很多人在购买包括面膜在内的各类护肤品时喜欢选择知名品牌，因为人们觉得知名品牌的产品更值得信任，其材料安全、健康，效果也很好。因此，很多人拒绝购买某款面膜的理由是"我对这个品牌不了解"。

许多品牌的发展都要经历从默默无闻到知名的过程，当主播推荐的产品的品牌非常小众时，主播要主动介绍品牌，强调品牌的价值，使用户对该品牌有一定程度的了解，然后用户才会对其产生信任及购买欲望。

例如，"我今天要推荐给大家的是一款很好用、效果很好的药妆面膜，它是 ×× 品牌旗下的产品。很多人估计对这个品牌不是很了解，它是一个小众品牌，创立的时间不是很长，不过你听完我的介绍，就知道这个品牌有多厉害了。这个品牌是由 ×× 医生创立的，他是 ×× 皮肤研究所的核心科研人员。这位医生研究 ×× 课题几十年，在前几年终于攻克了这个课题。经过大量临床试验后，他才创立了这个品牌。很多知名品牌和该品牌合作过，如 ×× 品牌……"

## 【思考与练习】

1. 美妆类直播营销话术规范有哪些？
2. 美妆类直播营销话术设计要点有哪些？
3. 观看两场美妆类主播的直播，记录主播的话术要点并进行对比。

第 7 章

# 服饰类直播营销话术

【学习目标】

- 掌握服饰类直播营销话术设计要点。
- 掌握服饰类直播营销常用话术。
- 掌握服装类单品直播营销话术。
- 掌握配饰类单品直播营销话术。

服饰类一直是直播营销的重要品类。《直播电商系列报告之四——服饰行业直播电商研究报告》显示，2020 年 1 月至 5 月，淘宝服饰箱包品类销售额占比为 48.6%，快手服饰直播活动也有超过 3 万名主播参与其中，成交额环比增长 260%；2020 年，抖音 5 月的服饰直播购物车点击次数相比 1 月更是翻了 8 倍。面对如此激烈的竞争环境，服饰类主播更要熟练并灵活掌握服饰类直播营销话术，以吸引更多用户关注直播间的产品。

## 7.1 服饰类直播营销话术概述

不同平台上的服饰类主播有不同的特点。淘宝平台上的服饰类主播占比较大；快手平台上的服饰类主播大多来源于服饰批发商，品牌商品数量较多；而抖音平台上的直播电商起步较晚，新入局者具有较大的发展空间。无论主播在哪个平台上进行直播营销，都要掌握服饰类直播营销话术的设计要点与服饰类直播营销常用话术。

### 7.1.1 服饰类直播营销话术设计要点

服饰类主播在直播时使用的营销话术主要围绕服饰的风格、尺码、适用人群、款式、版型、面料材质等方面。直播营销话术的设计直接影响着直播间的营销效果，因此主播巧妙地设计直播营销话术至关重要。表 7-1 所示为常见服饰类产品直播营销话术的设计要点。

表 7-1 常见服饰类产品直播营销话术的设计要点

| 维度 | 直播营销话术设计要点 |
| --- | --- |
| 产品属性 | 产品属性主要包括服饰的风格、版型、面料、颜色等<br>风格：复古风、学院风、清新风，以及法式、韩系、日系、欧美系等。主播在介绍服饰时要向用户说清楚所售服饰属于哪种风格<br>版型：宽松型服饰包容性强，显得人比较瘦；修身型服饰更能凸显身材，显得人比较精神<br>面料：棉、聚酯纤维、皮质、羊羔绒、真丝等。例如，纯棉面料透气性好、吸汗能力强；聚酯纤维面料造型挺括、不易变形；皮质面料防风且显得高档；羊羔绒面料保暖效果好、悬垂性好；真丝面料光泽度高、垂感强等<br>颜色：红色能带给人喜庆、热情、活泼的感觉；白色是百搭色，能带给人明快、纯洁、无瑕的感觉；黑色也是百搭色，能带给人庄重、深沉、酷感十足的感觉；紫色能带给人高贵、典雅的感觉；粉色能带给人活泼、可爱、甜美的感觉；灰色能带给人简朴、高雅、冷淡的感觉；绿色能带给人文艺、清新、清爽的感觉等 |

续表

| 维度 | 直播营销话术设计要点 |
| --- | --- |
| 穿着效果 | 主播在讲解服饰的过程中，可采用远景展示服饰的整体上身效果，采用近景展示服饰的面料、质地。例如，绣花要放在镜头前，突出细节；展示服饰的穿着场景或搭配方式时，主播还可以展示与整套服饰相搭配的鞋子、眼镜、帽子等其他配饰<br>主播可以把主推服饰做不同风格的搭配，以满足用户在休闲、上班、约会等不同穿衣场景中的需求 |
| 产品功能 | 主播要更多地强调功能性的利益点，如强调服饰的保暖效果、透气性、垂感等 |

### 7.1.2　服饰类直播营销常用话术

主播平时可以多积累一些服饰类直播营销常用话术，这样能让自己在直播过程中更加从容地讲解商品。表 7-2 所示为服饰类商品直播卖点讲解话术。

表 7-2　服饰类商品直播卖点讲解话术

| 服饰部位 / 工艺 | 讲解话术模板 |
| --- | --- |
| 领部 | ① 领口设计简单大方，时尚、新潮<br>② 经典圆领设计，简单大方，时尚百搭<br>③ 高领设计，可随意将领子挽下或竖起<br>④ 后领部为披肩领形式，时尚、大方<br>⑤ 后领处设有纽扣，领子可以随意拆卸<br>⑥ 时尚小翻领设计，彰显干练气质<br>⑦ 领部为包边设计，走线工整，凸显精湛工艺<br>⑧ 高领设计，更加保暖，同时还能拉长颈部线条<br>⑨ 略带弧形的一字领，便于服饰搭配 |
| 帽子 | ① 连帽设计，装饰性与实用性并重<br>② 帽子两侧的抽带可松可紧，帽子可拆卸，保暖又实用<br>③ 帽子采用双层面料，保暖性好<br>④ 帽子边缘整齐均匀的走线凸显卓越的工艺 |
| 口袋 | ① 左右两侧有大口袋设计，方便实用，且口袋位置偏下，让插口袋的姿势更显气场<br>② 小巧可爱的方形口袋，借鉴衬衣口袋的设计理念，装饰性与实用性并重<br>③ 口袋采用收口设计，时尚感很强<br>④ 袋鼠兜设计，可爱又实用 |
| 印花 | ① 印花设计，做工精致，个性时尚<br>② 胸前个性印花采用特殊工艺制作，形象自然，且不易洗掉<br>③ 印花图案采用线描手法制作，凸显手绘效果，时尚可爱<br>④ 印花色彩清晰饱满，采用高级发泡乳胶印制，无异味，不龟裂，印花微微凸出，更具立体感 |

续表

| 服饰部位 / 工艺 | 讲解话术模板 |
|---|---|
| 袖口 | ① 袖口采用包边设计，能有效防止袖口毛边脱线<br>② 袖口采用双线缝纫设计，美观大方<br>③ 袖口采用针织手法，收口效果好，穿着舒适<br>④ 袖子内设有可抽拉绳，绳子可拉出来系在袖子上，将长袖变成短袖，可实现一衣多穿 |
| 腰部 | ① 腰部裁剪修身，凸显身体曲线<br>② 腰部采用抽绳设计，可任意调节松紧，凸显身材<br>③ 精致的金属腰带扣，时尚耐用 |
| 拉链 | ① 金属拉链，顺滑耐磨，做工精细，上面的刻字清晰可见，非常有质感<br>② 双向拉链设计，使用方便，活动时可拉开下方拉链，减少束缚感 |
| 纽扣 / 钉扣 | ① 金属钉扣更加耐用，也更加凸显衣服的档次<br>② 做旧合金金属纽扣，与牛仔裤的质感完美契合<br>③ 高档定做纽扣，彰显衣服的整体品质<br>④ 纽扣的款式、材质完美贴合针织衫的风格，让衣服显得更加精致、美观 |
| 面料 | ① 衣服采用加厚抓绒面料，厚实保暖<br>② 衣服面料透气性强，手感柔软舒适，且整体垂感强，上身效果极佳<br>③ 棉服外皮采用涂层面料，光泽度高，极具时尚感<br>④ 衣服为弹力棉材质，有弹性且穿着舒适 |
| 制作工艺 | ① 衣服采用大量双线明线压边，版型大方得体<br>② 精致的拼接缝合，彰显衣服品质<br>③ 精致的做工，完美的锁边工艺，彰显衣服品质 |

下面介绍主播的服饰介绍话术和售后服务话术。

### 1. 服饰介绍话术

下面分别以卫衣、棉马甲和羽绒服 3 款商品的介绍话术为例，展示服饰介绍话术要点。

（1）卫衣

“卫衣是春秋季节的首选服饰，这款卫衣是休闲类服饰中非常受欢迎的款式，衣身宽松，上面搭配有个性字母、数字图案，彰显时尚潮流；经典的圆领设计，简单大方。”

“条纹是最近大热的时尚元素，与文静、甜美的细条纹相比，宽条纹显得更加大气和简洁，宽松感的短款设计让这件卫衣更具时尚感。经典的字母图案设计凸显了学院风，连帽设计又能让穿着者在浓浓秋意中感受到丝丝温暖。”

“这款卫衣在春秋冬 3 个季节都能穿，面料舒适，胸前设计有个性印花，大气美观；袖口采用收口设计，保暖性强；金属拉链做工精细，顺滑耐磨。”

（2）棉马甲

“在寒冷的冬天，一件棉马甲能给你带来不一样的舒适和温暖体验。这款棉马甲内里覆满绒毛，让你随处可以感到柔软与舒适；个性化的口袋设计，温暖而不透风；整个衣身设计宽松，适合各种体型。”

“这款棉马甲较为轻薄，穿上它不会显得臃肿。衣服是简洁的短款、收腰版型，女生穿上它，在深秋和初冬时节一样可以显得娇俏。帽子设计是一大亮点，属于拉链设计，将帽子的拉链全部拉开就可以做大翻领，再加上帽檐上的绒毛，让整件衣服更显时尚。衣服下摆可拆卸，拆卸后穿着更加灵活。”

（3）羽绒服

“在寒冷的冬季，有什么衣服是比羽绒服更加保暖的呢？羽绒服并非只能给人带来臃肿感和无曲线感，选对羽绒服同样可以让你显得时尚、个性。这款羽绒服采用了亮光涂层面料，防水、防风且更加时尚，内里采用高密度丝光棉，保暖舒适；腰带元素的加入使腰身尽显，让你即使穿着羽绒服也能显得娇俏。”

### 2. 售后服务话术

下面列举用户的 4 种售后质疑，大家可以学习主播的售后服务话术。

（1）物流太慢

用户 1：“我都下单快一个星期了，你们到现在还没发货，怎么回事啊？”

主播 1：“真不好意思，是这样的，我们这款衣服做的是预售活动，10 天之内肯定发货，可能上次在直播间我提醒得不清楚，导致有些人不清楚具体的情况。您放心，肯定不会骗您的！在这里我再次提醒一下，凡是预售的商品，一般有发货时间限制，但一定会保证大家都能收到货。没有收到货的朋友们，请大家耐心等待哦！”

用户 2：“主播，你们的物流太差劲了，承诺 48 小时内发货，可我都已经下单 3 天了，怎么还没有发货？这究竟是怎么回事？”

主播 2：“让大家久等了，我在这里向大家真诚地道歉。这款衣服销量非常高，当晚卖出 ××× 套。这是出乎主播和品牌方意料的，真的非常感谢大家的厚爱！目前品牌方正在连夜排单，他们会以最快的速度为大家安排发货……”

用户 3：“主播，我大前天买的 ××，你们还没有发货！”

主播 3：“非常抱歉，未能在 48 小时内发货，真的对不起大家！因为下单的人太多了，厂家那边的物流有些紧张。不过，目前厂家正在紧张有序地发货，相信今天内所有产品都会发出。为了表示歉意，主播将用实际行动给予大家补偿……未发货的用户可以获得一张店铺优惠券，价值 100 元……”

（2）衣服褪色

用户：“你们说这衣服不褪色，怎么洗完衣服的水变色啦？”

主播："是这样的，这款衣服是 ×× 材质的，这种材质一般都有浮色，前几次最好和其他衣物分开洗，不能用温水，最好用凉水手洗。洗两三次以后，就不会有类似褪色的现象了。我们销售的服装都是有品质保证的，请您放心。"

（3）用户不明原因发火

用户："主播，你推荐的是什么衣服啊？我要退货，马上退货！"

主播："先别着急，出现什么问题了？您对衣服哪里不满意啊？"

（4）发错货

用户 1："主播，为什么给我发绿色款，我明明拍的是黄色款。"

主播 1："非常抱歉，我们的工作失误给您造成了不便。客服会立即核对信息，然后按照顺序补发，请您按照以下步骤进行退货……"

用户 2："主播，你们发错货了，我明明拍的 S 码，却收到了 M 码。"

主播 2："非常抱歉，我们的订单太多了，工作人员因为疏忽才发错了货。在这里我向您真诚地道歉，同时也感谢您对我们的支持。您可以把衣服寄回来，我们收到后马上补发，并为您报销运费……为了表示歉意，主播为您准备了一个红包……"

## 7.2 服装类主播与单品直播营销话术

服装类主播开展直播营销不仅是卖衣服这么简单，还需要在服装展示、突出亮点、消除疑虑、促进下单、售后维护等多个方面与屏幕前的用户沟通，这样才能获得好的业绩。

### 7.2.1 服装类主播直播营销话术对比

服装类主播需要深度挖掘产品信息并进行简单表达。由于主播人设的不同，他们在直播时使用的营销话术也存在一些差异。例如，以营销中高端女性服装为主的主播 A 的直播话术比较霸气，而模特出身的主播 B 和主播 C 的直播话术则简单明了，他们通常会直截了当地为用户的服装穿搭提供建议。

#### 1. 主播 A

服装品牌"× × 密码"以其创始人主播 A 的名字命名，致力于中高端女性成衣原创设计，精准服务于白领等用户群体。在主播 A 的视频作品中，她不仅是一名服装设计师，更是一名杰出女性。其视频内容常以自己的服装设计为载体，涉及女性职场、母女关系、家庭生活等话题，在树立自己人设的同时，也传达出自己的品牌理念："让女性变得更好"。主播 A 的直播现场图如图 7-1 所示。

第三方数据平台蝉妈妈的数据显示，2021 年 1 月 6 日的"× × 密码年终盛宴年货节"专场，观看人数累计有 892.4 万人，人气峰值为 7.3 万人，销售额达 6586.2 万元。

主播 A 的受众以女性用户为主，对于这些有购买力且购买频率高的女性，主播 A 常常以“闺蜜”相称，更加牢固地锁定了这部分女性用户。

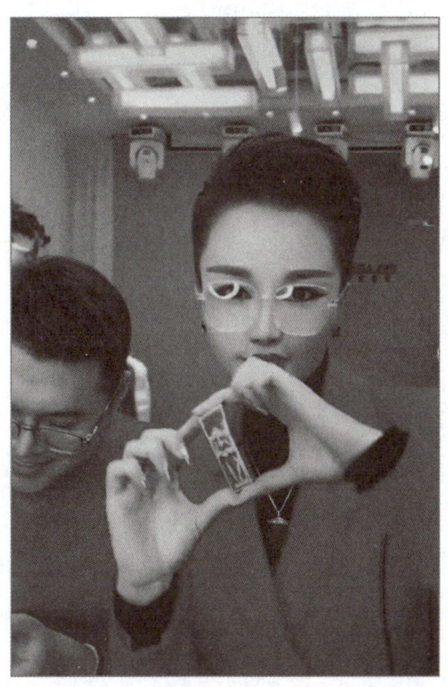

图 7-1　主播 A 的直播现场图

### 2. 主播 B

主播 B 是一位淘宝女装店的店主，懂得服装穿搭技巧，熟悉女性服装的特征及属性。

她在直播间介绍产品时一般会直截了当地讲出产品的特点与价格，有自己的特色。她会重点说明面料的特点，突出服装的舒适度。例如，“这件衣服全部采用进口德绒面料，非常亲肤，品牌售价 180 元，但是今天在直播间只要 59 元，买两件立减 5 元。衣服弹性很大，穿起来非常舒适。”

除此之外，主播 B 还经常向用户分享一些服饰穿搭建议与技巧，在介绍一件产品时，同时提到与其他的产品如何进行搭配，以吸引用户购买多件产品。为了提升用户对产品的信任，主播 B 会强调自己也在穿，从而拉近与用户的距离。例如，“这双鞋子我一直在穿，非常舒服，只要 ×× 元。今天是不是很多人要买‘老爹裤’，它们非常好搭配。”

### 3. 主播 C

主播 C 做主播之前一直从事平面模特的工作，之后转型做直播营销。她曾经创下 5 分钟引导销售额达 1000 万元，全年引导销售额突破 10 亿元的成绩。

主播 C 在推荐产品时的话术特点是突出产品的优势，并表达出自己对产品的喜爱。例如，“我们是厂家直销，没有中间商赚差价。赶紧去拍现货，价格非常划算，到手只要 ×× 元。”

为了提升用户对产品的信任，主播 C 会让助理为自己留一件推荐的衣服，还会分享自己和工作人员的穿着经历，或者引用身边朋友的例子为用户提供参考，快速拉近与用户的距离，打消用户对产品的顾虑。例如，“这款服装挺适合我，我也挺喜欢的，我还推荐我的朋友们穿这款服装，他们穿上后每个人的气质都提升了不少。”

主播C在推荐高档服装时会提供检测证书，以提升用户对产品价值的认可度。例如，“这款服装是在服装检测机构做过质检的，这是检测报告。检测报告显示，这款服装填充的是鸭绒，面料为全棉。大家可以放心购买。”

主播C在推荐服装时会为用户提供了一些穿搭建议，并且结合不同用户的体型为其选择合适的款式，从多个角度为用户提供建议，并没有一味地夸赞自己的服装。

主播C在准备好直播营销话术脚本的同时，也注意与用户之间的互动。开播前，主播C会在直播间上方区域预告直播计划，提醒用户关注主播；直播宣传时，主播C会穿戴当天或近期要上架的产品，在宣传时自然展示，提醒用户关注并购买；开播后，主播C会为最先进入直播间的用户发放现金红包，吸引用户尽早来到直播间。主播C换衣服的时候，会由助理和模特展示其他衣服，即时回答用户的问题，主播C也会在镜头外回答问题，提醒运营人员加货。

在宣传产品时，主播C会给予场景化的穿戴建议，同时也会根据当天上传的链接为用户做好搭配。直播间出镜的有主播本人、助理和模特，他们在推荐产品时不会一味地鼓吹，而是在同时推荐多件产品时指出××款式存在哪些劣势。3个人体型不同，能够多方位地为用户提供参考；若穿的是同系列不同款的衣服，则可以为用户提供更多的选择。

### 7.2.2 服装类单品直播营销话术

主播在介绍一款单品时通常会从以下几个方面展开。

#### 1. 服装属性介绍

主播在介绍服装属性时，可以从制作工艺、设计亮点、面料等方面进行适当讲解。

例如，“这一件是有刺绣的衬衫，买回家后，别把它当成一件普通的衬衫，你是买了一件‘艺术品’。”

“这件旗袍的设计很巧妙，两边有口袋，一般的旗袍不会有口袋，这是这款旗袍的特色。洗涤的时候，注意沾一点点洗衣液，用手轻轻揉搓就可以。旗袍将现代美和古典美相结合，看看这个领口，是改良款，很好看。”

“这款连衣裙采用前短后长的不规则下摆设计，给衣身增添了一些趣味和个性，上身显得更有时尚感……穿上这款连衣裙参加朋友聚会，你肯定能成为全场的焦点……”

主播在介绍服装的面料时，可以对面料是否柔软和透气进行说明，还可以在特写镜头前揉捏服装，以此来证明服装的质量。

例如，“这一件衣服随便你怎么揉捏都没有关系，有点儿像天丝面料。”“冰丝面料的弹性很大。”“整体采用蕾丝面料，不刮皮肤，很柔软，袖子很有弹力。”

主播还可以对领口、袖口等边缘处的设计和是否有线头等细节进行放大展示说明。

例如，“每一颗扣子都是盘扣和暗扣，完全不会崩开。蕾丝花边有两层，工艺感强，这里的细节你们完全看得到。”“这件衣服是葡萄紫色，衣领后做了一个定位褶子。”

### 2. 服装搭配、穿着场景的讲解

主播在服装穿搭方面应首先介绍服装的款式、颜色。例如，“这条裙子的颜色整体是黑色，配上中间的紫色腰封点缀，很灵动。”

“这件夹克有黑色和红色两款，黑色款是我们的主打款，能够展现大家成熟、干练的气质……而且黑色款还特别好搭配，稍微加点装饰，如花色丝巾，就可以打造优雅、妩媚的形象……”

“这件衣服双面可穿，一面是紫色，另一面是黑色。其材质是香云纱，穿上很有气质。”

主播可以针对不同的人群，结合不同的场景提供穿搭建议。例如，“打高尔夫，打网球，上班时都适合穿。”

“这件上衣可以扎进裤子里，裤子配什么都可以，是百搭的。”

“这款针织衫很百搭，春秋季可以搭配外套、连衣裙、牛仔裤，冬季可以搭配大衣、羽绒服……”

“这款毛呢大衣简约大方，适合在办公室穿，也适合在日常休闲时穿……灰色一直是时尚圈的流行色……你可以搭配白色、黑色打底衫，也可以搭配酒红色、咖啡色毛衣……”

“这款牛仔裤很百搭，可以搭配 T 恤、雪纺小吊带，也可以搭配纯色休闲小西装、大衣……这款牛仔裤看似简单，但可以让你显得更时尚……”

主播要注意的是，在为用户推荐尺码的时候，不能只说明服装适合的人群，也要照顾到不同体型用户的需求，如果不适合用户，也要直截了当地指出。例如，“这款衬衫的胸围没有限制，肩宽没有限制，长度的话，不建议身高在 1.55 米以下的女生穿。”

### 3. 试穿效果展示

主播按照用户的要求试穿衣服，展示其细节，介绍其优势，并在用户头脑中营造穿着场景，激发用户的想象力，在无形中提升用户对衣服的好感度，使其迫不及待地下单购买。

例如，“应朋友们的要求，我试穿一下，大家看看上身效果。中长裙的设计能够很好地遮挡腿部的缺点，非常显瘦。这条裙子采用的是真丝面料，时尚大气，适合在多种场合穿着。打个比方，穿着这条裙子和男朋友约会，浪漫气息十足。”

“这款衣服在细节上是下了功夫的（走到镜头前），你们看，装饰花纹非常细腻，采用纯手工工艺……裙摆设计是重点，采用淡淡的樱花粉，颜色的渐变和层次的叠加让裙摆看起来仿佛一朵绽放的樱花……”

“这款小礼服款式时尚、剪裁精致，而且面料是真丝的，能凸显你的气质、魅力，让你变得更自信。为什么不尝试一下，改变自己，也改变生活。”

#### 4. 突出价格优势

主播通常会先说出对比产品的价格，然后说出直播间产品的价格，突出优惠力度。例如，“这款衣服在商场、专卖店卖 ××× 元，而我们和品牌方合作推出超低折扣，直接 7.5 折销售，就连品牌方 10 周年庆典时都没有这样的折扣……”

“这个是情侣款，在直播间 ××× 元两件。”

“这个套餐真的太超值了，199 元 3 件，另外还赠送饰品。朋友们请看，这么漂亮的耳环都是免费送给你们的，看中的朋友们赶紧下单！”

“这款品牌服装的质量没得说，也正是依靠这么好的质量才实现连续 5 年销量位居前列。这次以超低价回馈给朋友们，大家买到就是赚到！”

“这款裙子原价是 600 元，现在为了回馈大家，主播跟品牌方争取到了超低价——368 元！”

“今天我推荐的羽绒服，它是 ×× 品牌推出的新款，保暖性非常好，时尚感很强……这款羽绒服原价是 1999 元，但是今天在我们的直播间，价格是 999 元……今年是 ×× 品牌创立 20 周年，品牌方为了回馈新老顾客，在 999 元的基础上再打 8 折，厂家直接发货！除此之外，我再送一瓶羽绒服专用洗涤剂！”

此外，主播还会介绍一些清洗服装的小知识，以打消用户下单的顾虑。例如，“亮片特别好看，洗衣机随便洗，完全不会掉。”“咱们家的衣服都是纯植物上色，不能用强酸洗衣液长时间浸泡，保养卡上都写得很清楚了。”

#### 5. 运用名人效应

许多人有模仿心理，尤其愿意模仿名人的穿搭，他们希望通过这种方式来拉近自己与名人之间的距离。因此，“名人同款”成为很多人选择服装时的一个重要依据。

## 7.3 配饰类主播与单品直播营销话术

公开数据显示，抖音的服饰类销售额排名 TOP100 的商品品类分别是大衣、裤子、T 恤、打底衫、开衫、女裙、鞋袜、配饰和卫衣等，其中配饰类商品占有很大比重。

### 7.3.1 珠宝类主播直播营销话术

下面从珠宝类主播和珠宝类单品两个角度来具体分析珠宝类主播直播营销话术。

#### 1. 珠宝类主播

以抖音平台某珠宝类主播为例。该主播是以珠宝行业专家的人设进行直播营销的，所以他的营销话术中通常有鉴定商品等内容，可提升用户的信任度，提高商品的转化率。

该主播的品牌定位是以同等的价格，让用户拥有性价比更高的饰品；同样级别的饰品，让用户花最少的钱就能轻松拥有。该主播从 2019 年上半年就开始销售钻石等珠宝饰品，其单场直播的观看人数最高达到 300 多万人。

此主播作为品牌创始人，一直以老板的身份出镜，穿着白色衬衫与黑色西装裤，充分展现出精英人士的形象。他塑造的是珠宝行业专家的人设，使其直播营销话术更具有说服力。

他进行直播的时间与周期相对稳定，每次直播的时间也较长，一般是从下午 5:00 开始直播，一直到第二天凌晨 1:00 结束。他会提前 1~2 个小时发预告短视频，当直播开始后他再发布与现场相关的短视频，相关短视频引流占比 55%，引流人数达 200 多万。

该主播擅长与用户互动，在互动中获取用户的信任与好感。在用户询问其某几天没直播的原因时，他会告诉用户“那几天去工厂了”，还会拿出手机让用户看自己与工厂人员的聊天记录。

该主播除了通过不断重复来强调直播间产品的价格优势，还擅长利用各种福利、抽奖活动留住用户。例如，“今天官方补贴 300 万元的券，一半的产品都可以使用补贴的券，请大家不要离开。”“我们直播间的福利会多一点。”“不要离开，接下来会上很多新品，价格也很优惠。”“今天的福利，努力让每个人都领到。”

由于珠宝类饰品价格一般较高，为了打消用户的顾虑，主播会对用户做出随时退换的保证。例如，“有假的随时来找我。”“不要担心掉色问题，直接来换。”

他的同名短视频账号常以趣味劝导的方式进行内容创作，同时善于在枯燥的内容中寻找亮点来引发用户的期待，其作品中不乏“鉴定珠宝的技巧”“配戴方法”等“干货”，这些都获得了用户的认同。

### 2. 珠宝类单品

主播在展示珠宝类单品时，可以通过多种形式提升直播的吸引力，通过关注用户的评论来及时解答用户的问题，还可以根据用户的需求，通过测量商品尺寸、推荐款型、分价位介绍商品来增强互动效果。

#### （1）介绍珠宝的特点

初级主播要能够清楚地介绍珠宝的特点。例如，“这款翡翠质地非常细糯，基底非常干净，没有任何杂色。”

“这是一条鸭蛋青的和田玉的手串，玉的润度很好，质感和密度也很好，没有什么黑点，中间红色的是杨柳料的南红的佩珠。”

“每颗珠子都是一样的，不是拼料，没有色差。”

（2）介绍珠宝的寓意和背后的文化故事

高级主播不仅要能说出珠宝的材质特点，还要能讲解珠宝的寓意和背后的文化故事，以提升珠宝饰品的价值。例如，“祥云是一件镶满 5A 级钻的饰品，每一颗钻都特别闪，如意锁的造型，传达了吉祥如意的寓意。”

（3）介绍珠宝的作用

主播在介绍珠宝的独特作用时，也要结合场景并赋予珠宝情感，这样能够起到提升营销效果的作用。例如，“玉像人一样，每一块都是独特的。”

“星月夜是非常典雅的绿色，很显气质，款式婉约柔和，镶嵌的是孔雀石。”

（4）强调货真价实

主播在介绍商品时，如果一味地说“低价”，会引起用户对商品质量的质疑，要多强调质量保障。例如，“我们的商品都是从成都发到广州鉴定，鉴定完后再发回成都，然后才给你们发货。”

“顺丰包邮，送运费险，支持线下 4000 家门店验货、清洗、保养、比价。”

## 7.3.2 二手饰品主播直播营销话术

二手饰品指已进入生产消费或生活消费领域，处于储备、使用或闲置状态，保持部分或者全部原有使用价值，未使用或已经使用的，经专业人员鉴定评估定级后，可进行二次销售的商品。二手饰品能让部分用户用较低的价格买到款式多样的饰品。有些二手饰品保值度高，甚至还有可能会升值。

直播营销等新营销形式的出现也进一步拓展了二手饰品的销售空间。事实上，二手饰品的消费人群中也不乏年轻人。下面介绍二手饰品主播和二手饰品单品直播营销话术。

### 1. 二手饰品主播

二手饰品主播直播营销的商品主要以二手的服饰箱包与珠宝配饰为主。某主播直播时语速快，普通话比较标准，个人形象气质好，语调柔和，语言表达自然。她比较擅长用一句话概括商品的状态，不回避商品的缺陷。

她在直播间介绍不同的二手饰品时会使用不同的专业术语，如“换皮”“表盘”等；推荐箱包时会强调商品的五金磨损等涉及价值贬值的地方。除此之外，她还会向用户分享饰品清洁与养护的方法，会亲自示范箱包的佩戴方法，而多种佩戴方法也会引起用户的兴趣。该主播的直播场景如图 7-2 所示。

图 7-2　某二手饰品主播的直播场景

### 2. 二手饰品单品直播营销话术

关于二手饰品单品直播营销话术，下面主要通过营销二手包、二手项链和二手手表来展现。

（1）二手包

主播介绍二手包时，可以从包的属性、作用益处、用户的顾虑等方面进行讲解。

① 包的属性

主播介绍包的属性时会用简短的话说明二手包的新旧程度、品牌、公开价格、平时价格与现价的对比情况、性价比等，让用户一目了然。

例如，“这是‘九成’新的手包，平常卖××元，今天只要××元。”“这是‘九成’新的蓝色牛皮钱包，看一下包身，五金的状态很好。”

主播也应直言包的瑕疵与真实状态，配合手中的展示，给屏幕前的用户一种很真诚的感觉。例如，“这个拉链有轻微的翻毛，然后打开它的内里，第一层，很干净。”

主播也应突出包的材质、手感，通过多种搭配方式引起用户的兴趣。例如，“这款小包‘九成’新，还挺好看的，材质为黑色羊皮，手感非常好。”

② 包的作用益处

主播通过展示包内细节，让用户觉得物超所值。例如，“这款包还带链条，带肩带，未使用过，很值得购买。”

主播应说明商品适合的目标群体，以吸引此类人群的关注，促进转化。例如，主播在介绍一款小巧的钱包时可以这样说：“喜欢运动的用户可以选这款，看，手机等物品也可以放在里面。”

手机作为当代人的日常使用物品，随身携带是必然的，主播突出钱包可以放手机的用途能够吸引用户。主播同时还可以给出钱包的具体尺寸，方便用户进行实际测量。例如，

“钱包后面可以放手机，厚度有 35 毫米。”

③ 用户的顾虑

主播为了消除用户的顾虑，可以突出商品的后续保障。例如，“它的边角处有点污渍，但是没有磨损。所以如果你想要做清洗养护，我们可以赠送一张价值 500 元的可以随时使用的清洗养护券。”

主播应加强与用户的互动，以此拉近双方的距离。例如，“你们想要哪个可以告诉我，我等下就先讲解哪个。”

有的主播甚至会直接计算好替用户节省了多少钱。例如，“原价是 2600 元，今天直播间的价格是 999 元，便宜了 1600 多元。说明书、肩带也都齐全。”

当二手饰品有问题的时候，主播应替用户着想，给出合理的建议。例如，“如果介意污点，大家可以备注一下‘免费清理加补色’。内里的污点虽然不能完全洗干净，但处理后能淡化很多。不过，这个包的颜色比较浅，建议大家先不要做清洗和养护，可以买一个包撑把它撑起来，挡住污点。”

主播在说出可能有误导性的话之后应及时解释，以提升用户对自己的好感。例如，“看一下五金的状态很好。不是，我是说送 500 元的清洗养护券给你们很好，不是说五金状态很好。这款包五金的状态算不上很好，你看有磨损。”

（2）二手项链

主播介绍二手项链时可以从项链的属性、价格、售后等方面进行讲解。

① 项链的属性

主播介绍项链的属性时可以这样说：“这条项链含 0.2 克的金、2.9 克的银，中间是一颗小钻石。钻石一共有 4 种颜色，白的、灰的、黄的、绿的。如果你平常穿白色的 T 恤可以戴灰色的，想百搭就可以买白色的。皮肤特别好的，还可以买黄色或绿色的。”

② 项链的价格

主播可以为用户算好节省了多少钱，例如，“这条项链在线下专柜卖 1280 元，我们卖 700 元，便宜了 580 元。”如果商品参与了公益活动，主播可以突出这一特征，激发用户的爱心。例如，“今天，你们每买一条项链，品牌都会向公益组织捐出 30 元。”

③ 项链的售后

主播可以告知用户购买某种商品可以享受 7 天无理由退款，以激发用户的消费需求。例如，“我们支持 7 天无理由退款，不喜欢直接退货就行，我们承担邮费。”

（3）二手手表

主播在设计二手手表的直播营销话术时，要注意包含但不限于以下内容：商品是否有划痕、是否掉漆、是否有磕碰等瑕疵，商品是否需要换电池、是否还在保质期内、是否有过维修经历等。主播可以利用“供不应求”来吸引用户购买，从而突出“一表难求”。例如，“它是女孩儿都可以戴的腕表。在二手市场，这种手表买一块少一块，数量已经不多了。如果你现在去专柜看，会发现专柜的基本都是银色款，没有这款好看。”

主播还可以用“我自己也使用”来表达自己对手表的认可，同时说明后期保障。例如，“这块手表是精钢镶钻的，机芯是石英材质，非常好看，我自己也有一块。另外，我们提供终身免费换电池服务。”

## 【思考与练习】

1. 服饰类直播营销话术的设计要点有哪些？
2. 观看两场服饰类主播的直播，记录主播的话术要点并做分析对比。

## 第 8 章

# 数码家电类直播营销话术

【学习目标】

- 了解数码家电类直播营销话术规范。
- 掌握数码家电类主播直播营销话术。
- 掌握数码类和家电类的单品直播营销话术。

淘榜单数据显示，“00 后”群体对 3C 数码类商品的直播营销关注度较高。相比女装、美妆、美食等，直播营销中数码家电类商品的比例较低，这是因为这类商品本身竞争激烈，利润率低，直播间又难以给到较大的优惠力度，所以用户购买时的决策链也相对较长。因此，数码家电类主播更应掌握直播营销话术，以吸引用户购买。

## 8.1 数码家电类直播营销话术规范与要点

体量庞大的数码家电品类商品是直播营销中不可忽略的重要品类。相对于服饰类商品和美妆类商品，数码家电类商品的用户群体以男性为主，用户对现场体验的要求不高，但决策链相对较长。主播在直播前要注意了解平台的要求，在直播过程中通过进行深度的评测和讲解展开营销，而不是强行销售，同时要掌握相关的直播营销话术规范与要点。

### 8.1.1 数码家电类直播营销话术规范

以抖音平台为例，主播以直播、短视频等方式推广、分享商品时，须遵守平台的相关规定。主播要对商品有一定的了解，包括商品的生产工艺、硬件参数，尤其是一些行业内的专业术语等。主播在开箱测评前要先体验商品，以便在直播中更真实、更全面地描述和介绍商品的特点。

数码家电类直播间的布置有显著的特点，主播身后一般是展示主题的大屏，随着主播介绍商品而变更图片，镜头也会时远时近。70% 以上的数码家电类商品必须经过检测，检测器材、被检测商品必须呈现在直播视频框里。检测的数据也需要出现在直播视频框内，并附上与其他商品的对比。数码家电类产品直播间背景如图 8-1 所示。

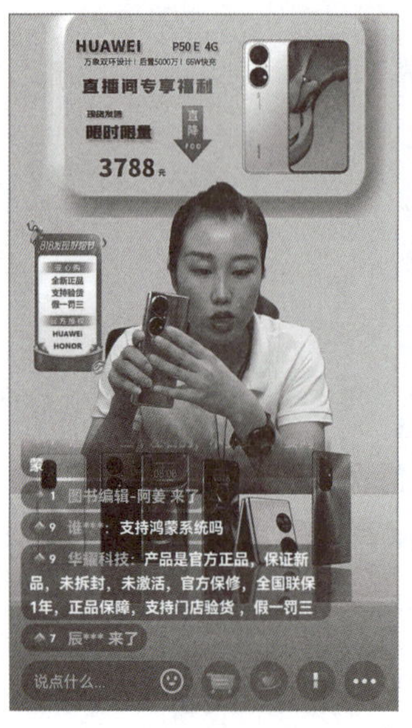


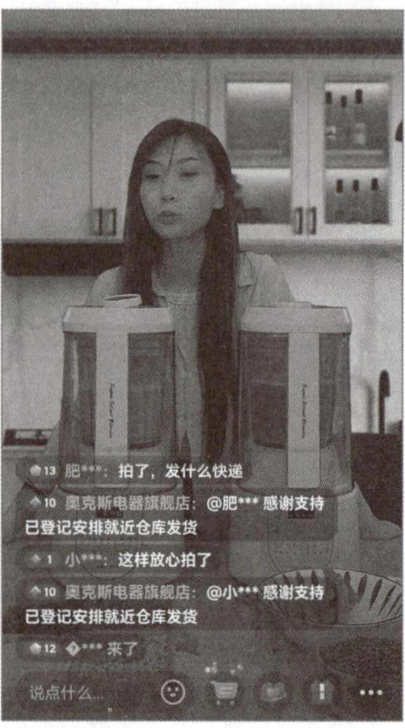


图 8-1　数码家电类产品直播间背景

### 8.1.2　数码家电类直播营销话术要点

主播在直播时要多介绍商品的属性、功能和使用体验。例如，曲面屏手机与非曲面屏手机相比有哪些不同的使用体验。数码家电类直播营销话术要点如表 8-1 所示。

表 8-1　数码家电类直播营销话术要点

| 序号 | 维度 | 直播营销话术要点 |
|---|---|---|
| 1 | 商品属性 | 生产工艺、技术指标、外观设计（颜色、屏幕、耳机、配件等）、续航时间、系统体验、硬件支持（测评）等 |
| 2 | 商品功能 | 添加的新功能，如“多人实时共享”，可以支持多位用户一起看视频或进行文件编辑等 |
| 3 | 使用体验 | 满足用户在不同场景下的使用需求 |

#### 1. 商品属性

主播在介绍主推的数码家电类商品时，通常从包装、附件、说明书开始，介绍商品的颜色、系统版本、外观设计、内存大小、处理器情况、电池容量，以及系统整体的流畅性等。这些都是用户关心的因素，主播在设计直播营销话术脚本的时候都要有所考虑。

主播不能一味地向用户推荐价格较高的商品，而是要推荐适合用户的商品。例如，“如果大家只是拿来看视频，也不需要买那么高配的，这一款就非常合适。这一款可以配合手写笔，完成一些简单的办公任务是没有问题的。”

#### 2. 正品和物流保障

主播在直播时也要强调推荐的商品为正品，由于这类商品的价格较高，因此用户对相关的承诺和服务更为看重。例如,"各位看一下,这是我们的官方授权书,所有商品都是正品。""我们为大家提供全国联保的发票,大家拿着发票可以去线下授权店做检测,享受售后服务。"

除此之外,主播还要介绍商品的物流情况,以减少用户的担心。例如,"仓库有北京、上海、深圳三仓,随时为大家发货。""48 小时内会用顺丰快递给大家发货。"

#### 3. 互动话术

主播可以通过赠送虚拟金币或实物的方式引导用户参与互动,增加直播间的人气,从而吸引更多用户进入直播间,同时促进用户下单。例如,"大家看一下,右上方有福袋,点一点'关注',可以获得 200 个积分。""请大家点赞,点到 ×× 个赞,我们会抽一个朋友送充电器。"

## 8.2 数码家电类主播直播营销话术

主播是直播营销中连接商品和用户的纽带。数码家电属于客单价较高的品类,主播在直播营销中发挥的作用更加重要。

### 8.2.1 数码家电类主播 A 的营销话术

主播 A 在做直播前,是 ×× 科技公司的 CEO,多次公开演讲过,出过书,有多次创业经历,拥有丰富的商业资源,同时在线上拥有上千万的粉丝。因此,他在做直播前已经有了一定的用户基数,也建立了稳定的人设,这对于日后的直播营销转化十分有利。

#### 1. 人设定位

主播 A 的经历丰富,建立了"有很多朋友的人"这一人设。他以满足用户的需求为核心,在话术中不断强化人设,使用户与自己的匹配度越来越高。他的直播间用户以一、二线城市的男性用户为主。

主播 A 回忆说,在直播初期,他曾考虑在直播过程中融入一些段子,但是考虑到直播间的流程和速度把控更为关键,如果在直播间花大量时间讲段子,会使那些真正对商品感兴趣的人迅速流失。因此,他最后采取了折中的方式,在话术中加入一些"梗"和简单、高效的段子,让用户在购买过程中获得一些乐趣,不会觉得枯燥乏味。

#### 2. 主播 A 的直播营销话术特点

主播 A 每次直播都以 3 分钟为一个间隔,并不断评估商品能否在 3 分钟内有效售出。他讲解时,不啰唆、不拖沓,同时又不过分简略、不急躁,能够在这么短的时间内将"种草"和"拔草"集成一个环节。3 分钟完成一款商品的营销也成为主播 A 的竞争优势所在。

例如,"我自己就在用这个(从裤兜里拿出来)。"

"记得关注,关注主播不迷路,点红心加粉丝团。"

主播 A 推荐每一款商品的用时都比较短,因此为了提高商品的曝光度、增强用户黏性,每隔一段时间，他就会对本场销量前 5 名的商品进行回顾。新用户进入直播间也能快速看到直播间销量最高的商品，从而制造直播间的“爆款”。他的这番操作也有利于测试商品，将那些转化率真正高的商品筛选出来，经过不断地讲解予以强化。

同时，主播 A 也注重与助播的话术协同。助播通常是厂商直接派来的，在商品讲解方面更加专业，这也增强了用户对商品的信任。

#### 3. 主播 A 直播营销的其他运营技巧

主播 A 在直播前还会在抖音、微博等平台上发布短视频进行引流，或者直接将直播的片段与场景进行剪辑并发布，让更多人看到直播间正在发生的有意思的事情，实现二次流量变现。

主播 A 的直播间背景板也很有特色，上面的信息简单明了，只展示关键信息，如图 8-2 所示。另外，直播间的桌上整齐地摆放着视觉传达效果较好的商品。他还会定期推出有记忆点的直播主题，如“5 折专场”“网易严选小专场”等。

图 8-2 主播 A 的直播场景

### 8.2.2 数码家电类主播 B 的营销话术

主播 B 是国内某知名科技公司的 CEO，与主播 A 相比，主播 B 并不经常进行直播营销。但作为在直播中不断被提及的 CEO 亲自“带货”的代表，主播 B 也值得我们重点关注。

#### 1. 直播前的准备

直播前，主播 B 会在微博平台上发布问题，以起到直播预告的作用。

例如，“你怎么看待 ×× 相机？你有什么问题想问的？”

他通过提问的方式吸引对 ×× 相机感兴趣的用户前来观看直播，并且通过让用户提问的方式来激发用户看直播的兴趣。用户为了得到解答，通常会持续观看直播。因此，这种互动方式在一定程度上有效减少了直播间用户的流失。

#### 2. 直播预热话术和互动方式

主播 B 在直播刚开始时会播放一段官方宣传视频，并与用户通过弹幕进行互动。

例如，“直播间的朋友觉得我们的新 Logo 怎么样？”

在热场完毕后，他又会针对用户对新 Logo 的疑惑给出官方回应，并对新 Logo 的设计师进行简单介绍，由此引出本场直播的第一个商品——由 ×× 设计师亲自设计的 ×× 品牌环保袋。

为了使观看直播的人数能够在短时间内快速上升，他先开展促销活动：原价 29.9 元的环保袋，在直播间的到手价是 1 元，还包邮。他还多次强调，这是为了给直播间的用户送福利。这些话一下子拉近了他与用户之间的距离，帮他赢得了用户的好感。

#### 3. 直播营销环节的专业词和不同商品之间的话术衔接

主播 B 熟知商品的亮点，了解用户的喜好，明白商品的哪些地方更吸引用户，从而会着重介绍这些方面。他首先推出的商品是 ×× 手机。在介绍该商品时，他使用了很多突显商品高级感的专业词，如“磨砂玻璃”“通透”“柔性屏”等。他还对该款手机的不同颜色进行了描述。例如，用“春天的颜色”来描述绿色，称最普通的黑色为“经典的亮黑色”，进而提升了商品的吸引力。

主播 B 在介绍不同商品时的话术衔接也很自然。例如，“以上两款手机都支持 Wi-Fi 6 增强版，速度非常快，下载一部电影只需要 5.3 秒，但是你得把路由器也升级为 Wi-Fi 6 增强版。”“大家觉得我要不要再介绍一款 ×× 路由器呢？”

## 8.3 数码家电类单品直播营销话术

自 2020 年以来，数码家电类单品的商家自播比例逐年增加，从淘宝直播成交额来看，数码家电类单品的成交额较高，位列前 10 名。下面分别介绍数码类和家电类单品的直播营销话术。

### 8.3.1 数码类单品直播营销话术

数码类直播营销效果较好的单品是手机、平板电脑、手机钢化膜、耳机等。主播介绍不同的数码类单品时，营销话术设计也有一定的差异性。

#### 1. 手机的直播营销话术

主播主要从颜色、内存、屏幕等方面展开介绍手机的属性。

“今天直播间介绍的这一款 8GB+256GB 的手机，有陶瓷黑与陶瓷白两种颜色。手机的陶瓷后盖也很漂亮，光泽度很强，给大家展示一下。”

“它是 88 度的环幕屏，你可以看到它的外观非常漂亮，再搭配徕卡相机，摄像功能非常强大。”

主播还会介绍手机的优点和使用体验。

“它是电影摄像头，细节做得非常到位，拍出的画面非常不错。”

“如果你喜欢与家人合影，或者拍小视频记录生活瞬间，那么这款手机值得入手。这款手机如果是办公使用，也很符合商务形象。”

“不管是玩游戏还是听音乐、拍照，这款手机都能满足你在生活中的使用需求。”

### 2. 平板电脑的直播营销话术

主播会对平板电脑的配置情况展开说明，还会介绍使用体验。

“这款平板电脑搭载 M2 芯片，配合它的系统，使用起来非常顺畅。”

“不管是玩游戏还是看视频，这款平板电脑使用起来都非常顺畅。如果您想购买一台用来娱乐的平板电脑，非常推荐您购买这款商品。”

“大家现在可以用一个很优惠的价格买走一台 128GB 的平板电脑，比官网低 300 多元。”

### 3. 手机钢化膜的直播营销话术

主播在直播间介绍手机钢化膜的时候，营销话术可以分为以下两点。手机钢化膜的直播场景如图 8-3 所示。

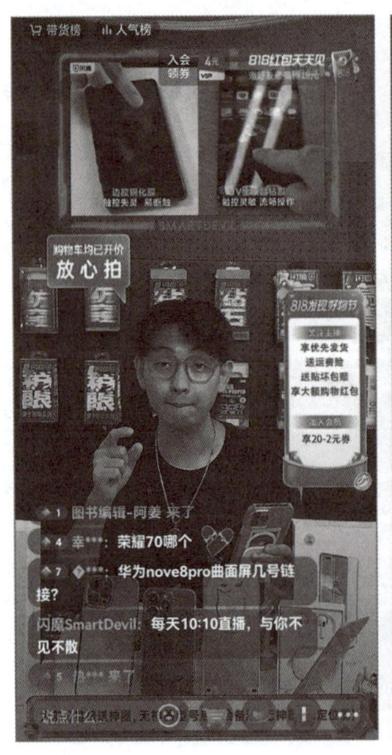


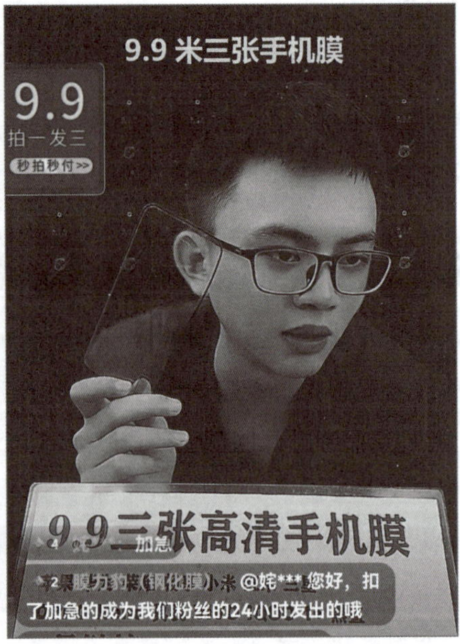


图 8-3　手机钢化膜的直播场景

（1）讲解钢化膜的基本知识

主播要在直播间为用户讲解什么样的钢化膜是好用的钢化膜，同时介绍哪些钢化膜不好贴，贴钢化膜时会遇到哪些问题等，给用户提供参考意见。

- 防碎屏："贴钢化膜要配合手机壳才能防摔，给手机一个全面保护。""在防摔性能上，全覆盖钢化膜优于半包钢化膜，钢化玻璃优于其他材质。如果都是钢化玻璃，厚一些的当然更防摔，但厚的会增加手机厚度，影响手感，一般以 0.25 毫米较好。"
- 白边问题："白边问题在非全面屏手机上出现得比较多，当然全面屏手机也有。就拿 ×× 款手机来说，钢化膜与软边的结合处就会留下白边。半包钢化膜也会留下白边，隐形度不好，也不美观。"
- 进灰问题："手机顶部有扬声器、3D 结构光模组，所以在顶部的设计上，各种膜都不一样。以 ×× 手机的钢化膜为例，刘海处有直接挖孔不做的，有留出扬声孔的，有在各模组开孔的，这是为了不影响前置摄像、人脸识别和出声，还有只留扬声孔且做栅格的，可以防进灰。孔留得越多越容易进灰，但为了兼顾防尘、出声、人脸识别，也有做得很到位的品牌……"
- 贴合度："曲面屏手机不好贴钢化膜，例如 ×× 手机，为了使钢化膜更加贴合，一般会在黑边或者手机边缘用黏合胶。胶放置久了，或者宽度不到位、黏合度不够，都会不好贴。为了保证细边，很多厂家会尽量收窄胶的宽度，但这样会容易掉膜。"

（2）说明贴钢化膜的必要性

主播可以这样向用户说明贴钢化膜的必要性："手机越做越薄，曲面越做越弯，屏幕可能就越来越不耐摔了。虽然厂家宣称屏幕是 ×× 品牌玻璃，经过离子加固等各种处理，还附送了出厂塑料膜，但贴钢化膜也是很有必要的。就拿 iPhone 来说吧，Max 系列换屏可能要花费 2699 元。更要命的是，iOS 13 更新加入了屏幕保护程序，也就是说，手机屏碎了必须到官方维修点去授权，不然就会出现一个弹窗，提示手机屏幕非原装、要授权，这样麻烦不麻烦？"

### 4. 耳机的直播营销话术

主播会运用与耳机相关的专业术语来讲解耳机的性能。

例如，"你知不知道什么是耳机的真无线？"

主播经过对商品的多次讲解，采取饥饿营销的方式，强调每次的库存数很少，给屏幕前的用户一种出货不多的感觉，利用饥饿营销促进消费转化。同时，主播还会强调会员福利，增强用户的忠诚度。

例如，"从来不挂购物车的用户，在我直播间是看不到这款商品的。"

为了增强用户对品牌的信赖，主播也会强调直播是为 ×× 品牌代言。而有的主播售卖耳机是采取娱乐的方式，会在直播间播放背景音乐，呈现一种较为轻松的状态，并及时回复聊天框的信息，认真解答，也会将直播间价格和淘宝店铺的价格进行现场对比。与同款耳机进行对比的同时，主播也可以介绍本款耳机的文化价值，还可结合近期节日、生活使用场景进行介绍。某主播推荐耳机的直播场景如图 8-4 所示。

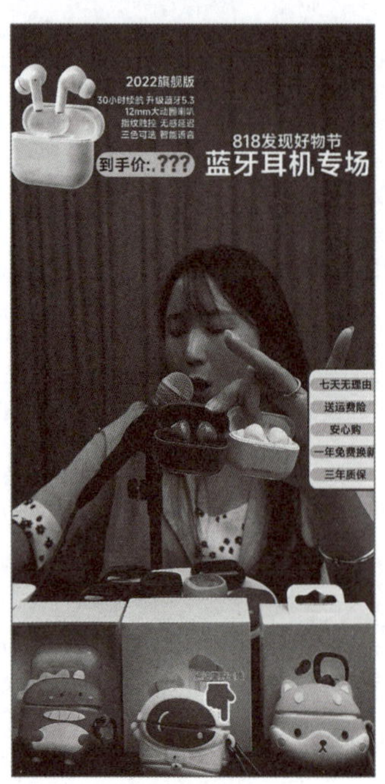


图 8-4　某主播推荐耳机的直播场景

## 8.3.2　家电类单品直播营销话术

直播作为新兴的营销模式，在一定程度上带动了家电市场的发展，直播营销效果显著。下面以电动牙刷和智能水杯为例来介绍家电类单品直播营销话术。

### 1. 电动牙刷

主播需要对电动牙刷的蓄电时长等属性展开介绍。例如，“它充一次电可以用 55 天，而且配备两个刷头，每个刷头可以使用 90 天左右，两个刷头相当于可以用半年的时间。它的振动频率最高可以达到每分钟 38000 次。”“它可以连接 App 选择模式，显示刷头剩余使用天数和剩余电量。”

主播需要针对不同用户的需求推荐不同类型的商品。例如，“这款电动牙刷属于入门级别的，如果你是第一次使用电动牙刷，买它就足够了。”“它有 4 种模式、两种挡位。如果你牙龈敏感，就选标准的轻柔模式；如果你有美白需求，可以选择亮白模式，让你的牙齿更加白净。”

主播还需要说明电动牙刷的作用和使用后的效果。例如，“开启模式后可以看到你正在刷牙齿的哪个区域，这样可以尽可能地减少口腔问题。”

### 2. 智能水杯

随着“宅经济”的崛起，家电类产品越来越丰富，智能水杯便是其中之一。主播可以从普通水杯切入说明该产品的重要性。例如，“水杯是人们必备的日用品，买回家也不会被闲置。”

主播也可以在营销中突出产品的属性和优势。例如，“这款水杯用 ×× 级别的不锈钢材质作为杯壁，可以防酸性腐蚀，可以盛碳酸饮料。”“它的外观搭配磨砂质地，非常有质感。”“它采用抑菌材质，不容易滋生细菌。”“这款智能水杯的拆分清洗非常方便，直接拿到水龙头下冲洗就好了。”

主播还可以多次强调智能水杯的温度显示功能，强调这个功能给用户带来的提醒喝水的实际效果。例如，“这款智能水杯能显示水的温度，再加上搭配的铜锁，能有效减少因误触而导致的洒、漏等问题。同时，它还可以连接指定的 App，每天的饮水量等信息都可以提前设置好，它会提醒你喝水，很适合工作很忙的人。”

## 【思考与练习】

1. 数码家电类直播营销话术规范有哪些？
2. 观看一场数码类直播，总结主播的直播营销话术。
3. 你会在直播间购买小家电吗？问问周围的朋友购买或不购买的理由。

# 第 9 章

# 母婴类和图书类直播营销话术

【学习目标】

- 了解母婴类直播营销话术规范和母婴类直播营销话术要点。
- 了解图书类直播营销话术要点和图书类单品直播营销话术。
- 掌握图书类主播直播营销话术和出版社自播营销话术。

微博和艾瑞咨询联合发布的《2021 年中国母婴人群消费及信息获取渠道研究报告》显示，2021 年我国母婴市场规模约为 4.7 万亿元。母婴类直播营销的效果与庞大的母婴市场需求并不匹配，直播营销的竞争程度不高。图书类直播营销与母婴类直播营销既有相似之处又有不同。从目前的情况看，图书类直播营销中比较受欢迎的细分领域是育儿类。图书类直播营销拥有内容优势，随着 5G 时代的到来，未来直播营销会带领用户迎来新的知识服务“风口”。

## 9.1 母婴类直播营销话术

伴随着“90 后”成为母婴市场的主体用户，母婴类直播营销的热度没有食品、服饰、美妆、洗护等行业高，与其庞大的市场规模并不匹配。主播一方面要学习母婴类商品的特性，另一方面还要掌握母婴类直播营销话术的相关知识。

### 9.1.1 母婴类直播营销话术规范

主播进行母婴类直播营销时，除了要遵守一般性要求，还要遵守母婴类直播的垂直行业要求。关于奶粉的直播话术，抖音平台有如下要求。

主播在销售奶粉时，要严格按照食品安全标准和产品配方注册内容讲述。例如，不得以“不添加”“零添加”等字样强调未使用或不含有某种物质。当主播说明原料来源时，不得使用模糊信息，如“进口奶源”“生态牧场”“进口原料”“原生态奶源”“无污染奶源”等。主播在直播间销售奶粉的场景如图 9-1 所示。

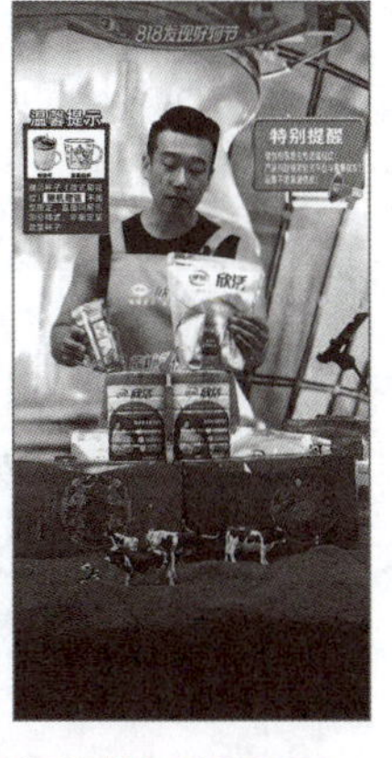


图 9-1　主播在直播间销售奶粉的场景

主播在直播营销时不得使用婴儿和妇女的形象，不可使用“人乳化”“母乳化”或近似词语，也不得涉及疾病预防、治疗功能，明示或者暗示商品具有保健作用，不得明示或者暗示商品具有益智、增强抵抗力或免疫力、保护肠道等功能。

除此之外，主播在介绍母婴类商品时，还要注意不要介绍太多的卖点。

用户购买母婴类商品一般特别关心3个问题：安全是否有保障，功能是否全面，价格是否优惠。几乎所有的母婴类商品，主播都可以围绕这几个点去塑造卖点：一是商品背书，二是商品的核心功能，三是直播间价格、优惠力度。

如果卖点太多，会显得商品过于普通，反而没有任何亮点。例如，在介绍某款纸尿裤时，主播若从材料、锁水性、吸水性各个方面进行介绍，亮点就不够突出，时间长了会让用户失去耐心，最终下单的可能性就会很小。主播只需要抓住一个能解决用户痛点的卖点进行介绍就足够了。例如，在进行羊奶粉推荐时，主播只需要突出其主要成分，说明孩子喝完羊奶粉后消化好、营养吸收快、排便正常，这样用户选择该商品的概率就会大得多。

主播要把用户最关心的卖点拆开了揉碎了讲，只讲用户关注的地方。还有，主播要对商品的卖点进行重复讲解，确定用户的痛点和需求点。当连续讲了多遍重要的卖点后，用户潜意识里就会认为相比其他商品，该商品可以更好地解决孩子的问题。重复卖点的作用是加强用户的认知，或者在一定程度上改变用户的认知。

## 9.1.2 母婴类直播营销话术要点

如果主播以母亲的身份开展母婴类直播营销，其营销话术应和人设高度匹配。

### 1. 母婴类主播定位及营销话术

母婴类主播A是一位3岁孩子的妈妈，她经常拍摄并上传轻松有趣的视频，涉及带娃日常及夫妻互动，吸引了大量的“云养娃”用户的关注。她还喜欢将自己的育儿经验及育儿好物推荐给用户。她经常在抖音平台进行直播营销，也有自己的淘宝店铺。

（1）主播A营销话术的特点

主播A营销的母婴类商品品类丰富，能够满足用户的多种需求。她的主要用户群是24~30岁的婴幼儿妈妈。她直播时语言幽默风趣，能够结合当下热点进行好物推荐，也经常分享自己使用商品的体验，容易使用户产生情感共鸣。但是，她的营销话术仅仅是分享亲身使用体验，权威性不足，专业性不强。

（2）主播A营销话术分解

以营销婴儿车为例，主播A通过指出用户使用这类商品的普遍痛点，说明自身商品的高性能与便捷性，激发用户的购买兴趣。例如，“一般的婴儿车前轮经常会卡住，而我们这款婴儿车可以做到单手收车，简单方便。而且这款婴儿车还带有紫外线防护系数较高的遮阳棚。”

主播 A 会在介绍商品后直接介绍优惠活动，吸引并留住用户。例如，“现在购买这款婴儿车还会得到一个价值 1599 元的提篮。仅限前 20 名，坐垫、凉席、防雨罩都会送给你们。”

主播 A 还会介绍针对不同年龄段孩子商品的使用方法，扩大了用户的范围，延长了商品的使用周期。例如，“如果你是妈妈或者准妈妈，可以去买它，孩子可以一直用到 5 岁左右。孩子在 0~3 个月的时候，我们可以把提篮放进去，让孩子躺在里面；孩子在 4~8 个月的时候，我们可以把提篮反向安装，也可以直接让孩子躺在车里面……这个车是可以直接带上飞机的，可以一键收叠。”

### 2. 母婴类直播营销话术对比

与母婴类主播 A 不同，母婴类主播 B 是一位父亲。主播 B 的人设是一名专业测评博主，其直播营销话术直截了当。他经常会引用检测机构的检测结果，以确保商品质量。同样是介绍一款牛奶，两位主播的营销话术各有千秋。

（1）强调商品的新鲜程度

主播 A 倾向于从自身经验出发。例如，“我昨天购买的牛奶今天就到了。我一开始很担心，怕他卖得这么便宜，会不会是滞销的商品，但我发现收到的牛奶盒上的生产日期都是最近生产的，就放心了。需要囤货的用户可以放心下单了。”

主播 B 的营销话术相对言简意赅，以商品说明为依据。例如，“厂家保证，发的牛奶都是最近生产的。”

（2）面对竞品，理性分析

主播 A 在面对竞品的时候，会从母亲关注的角度出发进行讲解。例如，“孩子两岁的时候，我选牛奶会在意它的蛋白质含量和钙含量。在同等规格的情况下，我会选择钙含量更高的牛奶。”

主播 B 则从理性分析营养成分的角度展开。例如，“当你给孩子选牛奶的时候，要分清楚哪些是补充营养的，哪些是饮料，只是给孩子换换口味的。”

（3）强调营养成分

主播 A 的营销话术：“我的孩子从开始接触纯牛奶的时候就一直喝的是这个品牌的牛奶，选择它的原因主要是钙和蛋白质的含量高，孩子很喜欢，吸收性也很好。”

主播 B 的营销话术：“咱们这款纯牛奶的钙含量、蛋白质含量都很高！”

（4）获取用户信任

主播 A 为了获取用户信任，会用实际体验作为证明。例如，“我的孩子从很早就开始喝这款牛奶了。”

主播 B 从厂家的角度来获取用户的信任。例如，“我们每年都会进行多次随机调查，从 ×× 家销售点中购买推荐的这款牛奶，然后直接送到检测机构进行成分检测。”“同时，我们还会到厂家的工厂进行实地考察。”

### 9.1.3 母婴类单品直播营销话术

对于不同的母婴类单品，主播的直播营销话术应当有所调整。下面以两种常见的母婴类单品为例，介绍相应的直播营销话术，以供参考。

#### 1. 磨牙棒

主播要善于抛出常见问题，然后从专业的角度了解用户的核心问题，为用户推荐合适的商品。

- 制造话题，引起好奇："你知道吗？孩子长牙期间经常爱哭闹，经常吮吸手指，容易弄伤自己。"
- 向用户提问："朋友们，你们知道这是为什么吗？"
- 分析问题："孩子长牙期间，长牙处经常会发痒，孩子因为痒就喜欢吮吸手指。"
- 提出解决办法："不要盲目阻止孩子这样做，因为他不这样做就很难受。不过，我们可以给孩子寻找替代品，如磨牙棒（成功引出商品）。"

主播在推荐某款磨牙棒时，要实事求是地介绍商品的卖点。例如，"这款磨牙棒硬度适中，可以摩擦牙龈，促使孩子的乳牙及时长出。孩子咀嚼磨牙棒可以使颌骨正常发育，为恒牙健康长出打下良好的基础。这款磨牙棒呈手指形状，方便孩子抓握和摩擦发痒部位，缓解牙龈不适，也能避免孩子抓咬其他物品，保证安全卫生。磨牙棒还有一个功能，那就是强健牙床，提升孩子的咀嚼能力。"

有的用户对使用磨牙棒有一些担忧，害怕直接放进嘴里对孩子的健康不利，所以主播要给用户安全感。例如，"磨牙棒对孩子是没有害处的，是专门为这一阶段的孩子设计的。"

主播可以采用情景话术，将这款磨牙棒的使用效果具象化，以增强代入感。例如，"你的孩子用了这款磨牙棒，每天哭闹的次数就少了，牙齿也会生长得更好。"

主播还可以分享自身经验。例如，"我姐姐家里的孩子经常用这个，特别好用，孩子现在都爱上它了。"

#### 2. 婴幼儿奶粉

主播在直播时要及时抛出用户痛点。例如，很多新手妈妈不会选奶粉，担心奶粉的质量问题。那么在介绍商品之前，主播就要营造一个场景，提出新手妈妈面临的这些问题。例如，"很多新手妈妈面对市场上那么多种类的奶粉，不知道怎么选，今天我来教你……"

主播要提前做好功课，熟悉商品，在提出问题的解决方案时介绍商品。例如，"这款奶粉针对6~12个月的婴儿研制，××的添加能够激发婴儿的原生保护力。"这样的说法会带给新手妈妈专业感，从而使其产生信任，愿意从主播这里购买奶粉。

主播应介绍这款奶粉的优势，强调其对婴儿身体发育的作用。例如，"这款奶粉不含蔗糖、麦芽糊精和食用香精等添加剂。蔗糖是一种双糖，我们平时吃的白糖、红糖就是蔗糖，其甜度高、能量高，可以作为甜味剂添加在牛奶、橘子水中，符合孩子爱吃甜的口味，但吃多了容易引起肠胀气和肥胖，还可能让孩子开始挑食、偏食、长龋齿，所以不宜多食。”

“麦芽糊精以淀粉为原料，经酶法水解制成，可作为食品的填充料，几乎不含营养价值，是一种廉价的碳水化合物。麦芽糊精不能作为婴儿的主食，只能作为适当添加的添加剂，而且用量被国家严格限制。”

“食用香精是一种调味剂，国家对其添加量有严格限制。食用香精对婴儿来说不是营养剂，食用过多会有副作用。食用香精虽然口感好、有香味，但婴儿喝了有食用香精的奶粉后会形成依赖性，再转喝不含有食用香精的奶粉时会不适应，表现为不爱喝或不喝，转奶时间长。长期摄入食用香精，婴儿的脏器会受到损害，而且容易形成偏食的习惯，易虚胖。”

“这款奶粉不含蔗糖、麦芽糊精和食用香精。常喝这款奶粉，婴儿不易出现挑食、偏食的情况。”

## 9.2 图书类直播营销话术

图书类直播营销成为新的图书营销模式，既发挥了网络书店的便捷性，又优化了用户的体验。主播在营销图书时，往往会讲很多图书背后的故事。例如，快手上某位图书博主仅有 31.56 万粉丝，但他在一场两个多小时的直播中就销售出超过 500 册图书，图书销售额为 15 万 ~35 万元。因此，主播要掌握好图书类直播营销话术。

### 9.2.1 图书类直播营销话术要点

主播在直播过程中可以围绕图书的属性、优势与带给用户的益处来设计营销话术。

#### 1. 图书的属性

主播可以从以下几个方面展开说明图书的属性。

（1）目标人群

若是给孩子买书，家长大多根据孩子的年龄、性别、爱好等选择有针对性的图书，所以主播的营销话术也要具有针对性。

例如，“这套书适合 5~15 岁的孩子。”

“这套书适合小学二年级至初中三年级的孩子。”

“你的孩子如果在 3 岁以下，从来没有碰过绘本，可以去购买‘启蒙系列’，最好按顺序来阅读。”

“请家长把孩子的年龄发在评论区，或者把你想买的书的书名打出来，我告诉你怎么买比较划算。”

“家里的小孩是 3~9 岁的，尤其是幼小衔接的家长，主播今天给你推荐这本书。”

（2）出版资质

用户也很看重图书的出版资质，因此主播在营销中要着重说明出版社的名称和作者的权威性等。

例如，“本书作者是××奖的获得者、××学校的学者，拥有深厚的文学功底，非常懂得教育孩子，上过很多节目。”

“本书来自××出版社。”

“这套书是我国1967年创办的一本儿童杂志的集锦，一共10本。”

“××是全球知名出版公司，与我国的×××出版社合作，出版了很多百科类的图书，如这本书。”

“大家比来比去会发现这本书是很好的，它里面有2000多个知识点，热销全球90多个国家和地区，被翻译成多种文字。中文版是中国地质专家审定的版本。”

（3）内在：图文内容

对于课内教育而言，家长更加重视读物的出版商水平及系统性，使孩子能够长期使用；而对于课外知识的补充，家长更加注意读物的易读性和趣味性。

例如，“这套给孩子的书采用了电影的方式进行表达，生动有趣。”

“这本书是带拼音的，孩子阅读起来没有困难，可以自主阅读。”

“这本古文书不同于以往的原文结合译文的形式，它先引用古人的对话，再向孩子们展示原文译文，更生动形象。”

“我手中这一套图书，由××出版社出版，是专门为小学生打造的。”

“这本书是漫画版本的，能够通过图画吸引孩子的注意力，培养孩子读书的兴趣。”

“有3岁以上孩子的家长看过来，这套书有8本，阶梯式阅读可以帮助孩子认字。这是第一本，大家可以看到字特别大，方便阅读。例如，书中教认‘口’这个字，可以让孩子看嘴巴的形状，后面还有一张识字卡片，可以撕下来让孩子通过玩游戏去认字。”

“它可以让孩子一边玩一边学习，启蒙孩子的数学逻辑思维能力。而且这里还有二维码，家长可以扫码看视频，搭建使用场景，增加书的附加值。本书不仅适合孩子自己阅读，还适合家长陪读。我们平时教孩子总是教不会，所以可以看一下老师是怎么教的，再来教孩子。每个视频只有2~3分钟，孩子也比较容易接受。”

而对于一般性的社科类、文字类图书，主播可以引用书中内容，结合自己的理解与解读来激发用户的关注和兴趣。

“封面上的这句话我特别喜欢：‘宋词是微云遮路，是斜阳半山，是夜堂深处逢，是流水各西东。宋词是在得失相伴的人生里，好好珍惜自己。’诗词的妙处也正是如此吧，这一本诗词，五星推荐。”

“作者说：‘既然今天有往日的好时光给你怀念，那么说不定，今天也会是明天的好时光呢。’这本记录生活中的‘小确幸’的书，值得推荐。”

（4）外在：排版、包装、便携性、安全性等

图书的外在也很重要，主播对图书进行推荐的时候可以从排版等角度说明。

例如，“本书采用了字幕式的排版。”

“图文结合的页面，让大道理不再生硬，更易被接受。”

“3D 版本的打印书，翻开就是生动立体的故宫。”

“这本书跟他的诗一样精致，封面是花红柳绿的古风浮雕，内文配图是艺术家 ×× 的手绘花鸟，古典竖式的排版还有专家的评注，让看书成为一种享受。”

主播还可以从包装和便携性等方面进行介绍。

例如，“把原本厚厚的书分成小册子，孩子读起来没有畏难情绪。”

“口袋书，方便携带。”

值得注意的是，图书是以纸张、油墨、胶黏剂等为原料，经过印刷加工成型的产品。儿童在翻阅图书时，容易撕毁甚至吮吸图书，因此家长在选购图书时，也会格外注意图书的印刷质量和材质的安全性。针对以上的用户痛点，主播在营销过程中也需要重点说明。

（5）使用场景

主播在营销图书时，要多从使用场景出发。以童书为例，主播不要忽视下单的用户其实多是孩子的父母，因此设计营销话术也需要考虑到亲子共读的场景。

例如，“我来给你们讲这套绘本，‘我是一只蓝色的小猩猩……’。”

“孩子躺在床上睡觉前，把这本书打开，对孩子说，‘今天妈妈带你认识一位新朋友。你看，这是企鹅’。”

“下面是双语阅读的时间。‘That’s not my……’”

主播在讲解时无形中帮助用户构建了家长与孩子一同看绘本的场景。

### 2. 图书的优势

主播在讲解图书的优势时要注意问题导向，有的用户买书是为了提升孩子的学习成绩或者提升孩子某个学科的技能，而有的用户则是为了解决一些“软实力”方面的问题，如性格、人际关系等。主播在讲解的时候可以通过亲身经历来组织话术。

（1）问题导向

主播除了要由内而外地介绍图书的属性，还要说明图书对解决用户的问题所起到的作用。主播需要积累有关培养孩子良好习惯等方面的营销话术。

例如，“如果您的孩子总是拖拖拉拉、磨磨蹭蹭，这说明他的自我管理能力有待提升。这本书将帮助您的孩子养成好习惯。”

“青春期的孩子容易感到压力大，怎么解决才好呢？这一套书可以用作参考。”

“这套书就是让小朋友学会大声说‘不’，远离隐形的危险，学会正确地保护自己。”

主播还要注意准备提升孩子技能方面的营销话术。

例如，“在小学阶段，不爱阅读的孩子可能语文成绩不够好。初中之后，不只是语文，如果孩子读不懂理科类的题，也容易丢分。这本书就是教小学阶段的孩子如何阅读。”

“孩子动手能力不强怎么办？这本涂鸦书带有拼图性质的涂鸦卡，能让孩子初步感受拼图。”

“历史可以帮助孩子了解过去，那么孩子怎么才能学好历史呢？这里有一套图书可以帮忙。”

（2）亲身经历

主播可以从亲身经历出发来介绍图书，更有说服力。

例如，“我的孩子最近喜欢上了这一套书，觉得它的帮助特别大。”

“很多家长说羡慕我，觉得我家孩子没有叛逆期。但其实不是这样的，我也曾经烦恼过，幸好有这本书的指导。”

“这套绘本是我家孩子在培养阅读兴趣的时候使用的，孩子的阅读兴趣是我一步一步帮她培养出来的。孩子阅读习惯的培养除了要有好的绘本，还需要我们的耐心陪伴。我们和孩子一起看绘本，会让孩子觉得看绘本是一件很有趣的事情。”

主播通过分享自己的育儿经历及育儿观念，帮助用户建立正确的育儿观，从而向用户推荐有相关教育效果的图书，提高用户的购买转化率。

### 3. 图书带给用户的益处

仍以童书为例，主播在讲解时要突出图书对孩子学习和未来发展的益处。

例如，“如果我们小时候也能有这样的书该多好，说不定它能够让我们的人生、事业更出彩。”

“这套书可以使您的孩子更自律、更自觉，帮助他成为更出色的人。”

“如果孩子能在小学期间就学好历史，那么以后学历史就会越来越简单。”

主播除了要考虑图书对孩子的益处，还要考虑对家长的影响。年龄较小的孩子需要家长陪读才能更好地理解内容，所以主播在介绍时应搭建使用场景，强调这本图书适合家长与孩子共同阅读。

例如，“让孩子用经济学的知识看‘打折’这件事，从小培养孩子的经济思维，说不定他以后就是位企业家。孩子和家长读了经济学的书，看待世界的方式可能就会不一样。本书的每一个例子都具有实操性，家长学习起来也不困难。”

图书类产品既是物质产品又是精神产品，其物质性体现在载体方面，精神性体现在内容方面。主播了解这一特性，就可以更好地进行直播营销。常见图书类直播营销话术要点如表 9–1 所示。

表 9–1 常见图书类直播营销话术要点

| 序号 | 维度 | 直播营销话术要点 |
|---|---|---|
| 1 | 产品属性 | 作者简介（个人经历、写作风格等）、图书的内容风格（纯文字还是图文结合），纸张的品种、质量、表现形式，同步的电子书等有声图像的表现形式，封面、图书内文的装帧设计等 |
| 2 | 产品作用 | 解决某个阶段用户当下的痛点 |
| 3 | 产品效果 | 提升用户的知识技能等硬实力，从习惯、情绪、性格等方面进行软实力的打造 |

## 9.2.2 图书类主播直播营销话术

图书类主播有很多共同点，如都强调图书内容的专业性、图书的价格优势与销量等，而他们之间也有一些不同。粉丝数量较多的主播通常会经常从家长的角度出发，表明孩子应该学习什么，强调家长应该做什么，强调读书的氛围。而粉丝数量较少的主播则更多地从孩子的角度出发，强调图书的内容和形式，会花更多时间介绍图书的具体内容，以图书对孩子的吸引力作为卖点，而且有更多的时间回复评论。

图书类主播竞争激烈，以下 4 位主播的粉丝量级不同，有同时经营十几个抖音账号、粉丝数量达千万的“头部”主播，也有粉丝数量为百万级别的“腰部”主播，还有粉丝数量为几十万级别的“尾部”主播。这些主播的人设不同，既有擅长演讲的主持人、演讲比赛的冠军，也有从事图书出版的专业人士。4 位图书类主播的特色如表 9–2 所示。

表 9–2 4 位图书类主播的特色

| 名字 | 粉丝数量 | 人设标签 | 优点 | 缺点 |
|---|---|---|---|---|
| 主播 A | 2700 万 | 主持人转型，学者 | 从事时间长，原有粉丝多，面向人群广；营销话术以提出问题、强调影响、提出解决方案为主 | 有贩卖焦虑的嫌疑，过于强调读书的工具性，容易引起反感 |
| 主播 B | 744 万 | 演说家，名校硕士 | 自身影响大，有名校背景；每月举办活动以增加粉丝数量和增强粉丝黏性 | 节奏较快，介绍部分图书时较为生疏 |
| 主播 C | 734 万 | 主持人转型 | 有行业资源，能请到专业嘉宾参与互动 | 无明显学术背景优势 |
| 主播 D | 22 万 | 出版专业人士 | 专注单一品类、单一人群 | 主播与助理的职责分配不清晰，出现抢话现象；过于重视图书内容的讲解，节奏拖沓 |

### 1. 主播 A 及其直播营销话术

主播 A 的人设为主持人转型、学者。他曾是央视主持人，后来被聘为快手“首席荐书官”。他通过周期性直播的方式为用户推荐图书，不仅自己直播，还与多个出版社达成合作，进行专场直播。他曾经在上海书展期间进行了连续 7 天、每天 10 小时的线上直播活动。

主播 A 的直播营销话术主要有以下特点。

（1）将图书内容与现实结合，引起用户的好奇心

主播 A 擅长将书本内容和现实生活联系起来，用个人经历结合用户痛点，指出问题产生的原因，说明问题产生的影响，提出解决方案，从而强调书的实用性、功能性。

例如，“我很喜欢读《论语》，每当生活压力大、焦虑的时候，《论语》中的‘君子谋道不谋食’‘君子忧道不忧贫’一下子就击中了我，我觉得这句话好有力量。要使一个问题得到根本解决，你的境界就要提高。当你的境界提高了，你的思维方式不一样了，你会发现那个问题不再是 2 或 1 的问题，问题就会迎刃而解。所以，我觉得《论语》是活在今天的。”

（2）利用他人评价突出商品价值

主播 A 将自己推荐的商品与同类商品进行对比，利用原有的粉丝基础进行营销，喜欢听他讲书的人也会因为原有的体验更加愿意购买新书。主播 A 也会上升到价值层面，强调买书的必要性。

例如，“《论语》是记录孔子及其弟子言行而编成的语录文集。我收到的让我印象非常深刻的评价是‘老师，你是活在《论语》中的’。而且这个讲法非常好，让《论语》能和日常生活联系起来。我讲《论语》，保证你能听懂每个字，能理解每个词，同时将书和生活联系起来，这是很关键的。我觉得任何时候读书一定要和自己的生活联系起来。而且你读了《论语》，就能发现中国人的思维方式是什么样的，我们的文化自信不能是盲目自信，你得先了解中国文化。”

（3）平易近人

主播 A 在推荐写给家长的一本教育类图书时，直播营销在线观看人数达到 460 万，图书的最终销售数量突破 10 万册。这一场直播中，他的直播营销话术亲切，发人深省。

例如，“教孩子是一件特别愉快的事。如果父母在这个过程中觉得痛苦，一定是你的方法错了。亲子教育必须建立 3 根支柱，即无条件的爱、价值感和终身成长的心态。”

“如果用恐吓、交换的方式来教育孩子，孩子一定不会爱上学习，这种方式也破坏了父母无条件的爱。我建议给孩子更多空间去成长，帮孩子养成良好的学习习惯，而不是养成被盯着的习惯。”

“要创造和孩子在一起的‘黄金时间’，让你有限的陪伴被孩子记住。”

“大量的家长都还没有长大，甚至没有处理好自己和父母的关系。”

“不要总给孩子买书，而应该给自己买书，你必须成长，才能帮孩子成长。一个人的成长是复杂的，激发孩子的生命力，才是教育孩子最重要的事。”

（4）自问自答，引发用户兴趣

主播 A 在直播的时候会回答用户普遍提出的质疑，说明买书的好处，为用户购买多种书提供理由。

例如，“你要相信人的随机性，我们给孩子创造的只是一个机会。很多人说我不知道什么知识，在手机上搜索一下就行了。搜索可以让你获取知识，但你很难通过搜索发现问题。我们为什么学微积分？跟我们的生活也是有关的，对孩子、对家长都有很大的帮助。我觉得你老是读一些亲子育儿的书不行，你得多读一些哲学，得读一些创业类的书，你要跳出你的信息茧房，变成一个开放的人。”

（5）介绍价格优惠，而非直接降价

主播 A 在介绍价格优惠时不是直接降价，而是以服务组合包的方式让用户觉得物超所值。他将一套书拆成单品，更让用户觉得占了便宜。他还会指出举行活动的原因，让降价显得更真实而稀缺。例如，“除了一年的 VIP 会员，软件里面还有 300 多本精品图书和一些思维导图资料，另送大家 4 门课。”

### 2. 主播 B 及其直播营销话术

主播 B 的人设是演说家、名校硕士，目前粉丝数量已达百万级别，主要针对年轻妈妈群体进行图书直播营销。

主播 B 的直播营销话术有以下特点。

（1）根据亲身经历说明读书的重要性

主播 B 经常分享儿时的故事，既能使用户印象深刻，又能强化自己的人设，传达积极的价值观，引起用户的共鸣，并且鼓励家长为孩子创造读书的氛围。

例如，“书架是房屋最好的装饰，不过小时候，我家里是没有书架的，所以我到后来就形成了一种执念——一定要在自己的房子中装一个书架。”

（2）多角度介绍图书

主播 B 会利用经典书目、名人、出版社为图书的质量和内容做保证。例如，“这本图书谁没买到？它被称为绘本界的 ××。”

她也会指出图书的具体且便于记忆和理解的卖点。例如，“这本书一共 8 册，大字带拼音，字号非常大。”

她还会根据特定的用户人群说明图书的适用范围。例如，“3~8 岁的小孩适合看这本书，直播间售价 9.9 元。”

她还会从家长的视角，结合自身例子，将家长的愿望投射到买书的行为上。例如，“这书是 ××× 的感恩绘本系列，我觉得感恩是一种重要的品质。它会让你有更多的朋友，我们懂得感恩的时候，内心会有一种幸福感。”

（3）有效促使用户下单

主播 B 在促销下单环节会发起读书打卡活动，增加自己的曝光量，同时增强用户黏性。她会提前预告福利，延长用户在直播间的停留时间。例如，“直播间中所有的书都是我精挑细选的经典书，抽一名幸运用户直接赠送。”

她会与其他平台的同类书的价格做对比，并且算出单本价格，更能让用户觉得自己获得了实惠。例如，“一本书 9 元，4 本书 36 元。我的直播间 4 本书 19.9 元，一本不到 5 元。”

她还会强调销售火爆、正品保证，给直播间下单的用户营造紧张感。例如，“100 套书瞬间售完。看一下内页，质量超好的。这是 ×× 出版社出版的书，大家放心购买。”

### 3. 主播 C 及其直播营销话术

主播 C 是生活类节目主持人转型，语速快且表达清晰。由于常年主持生活类节目，主播 C 具有广泛的用户基础。她从女儿的教育入手，撰写了多本图书。

主播 C 的直播营销话术特点主要体现在以下几个方面。

（1）介绍图书的内容与作用

主播 C 能抓住家长在孩子教育上的痛点进行图书营销，并从自身角度出发介绍图书，拉近与用户的距离。

例如，“如果您的孩子总是拖拖拉拉、小动作不断，做事总是磨磨蹭蹭，平时爱睡懒觉，对自己的学习没有什么规划，那这就是时间管理观念缺失的一种表现，所以这本书……”

“我女儿特别喜欢画画，也很喜欢看这本绘本，对这些地理知识也很感兴趣，但是不知道该怎么记，今天我来给大家分享记忆的好办法。”

她在介绍时会指出具体可感知的图书细节，注意突出图书的功能性。例如，“字与字的间距比较大，比较方便阅读。”“女生可以从这边开始读，男生可以从这边开始读。”

（2）介绍价格和优惠政策，促进直播间用户互动

主播 C 通过整点福利带动用户购买，增强用户黏性。例如，“我们下一个整点见。今天一共有 500 册，已经卖了 300 册，没买到的我们下一个整点见。”

她会提出降价原因，使降价更可信。例如，“把这本书的价格谈下来你们知道有多难吗？因为这是读书节的最后一天。”

她引导用户换位思考，提供阅读场景，强调阅读的好处，提高商品的附加值。例如，“这一套书价格为 398 元，现在卖 199 元，已经很便宜了。想想你的孩子从 5 岁开始就可以读在国际上获奖的书，多好啊。”

她将图书与常见物品对比，让用户觉得该图书值得购买。例如，“不要不舍得买这本书，其实你少喝几杯奶茶就可以把它‘省’出来了。”

（3）主动提出用户的常见问题并予以解答

主播 C 会提出用户常遇到的问题，并主动回答，从而突出自身或团队的专业性，提升用户的体验。

例如，“这本书于 1997 年年底在英国出版，我们是 1999 年年底发现的，然后跟很多出版社竞争，于 2000 年年底拿到了版权。”

“我们有专业的老师，100 多名员工，能为每个用户提供一对一服务。这一点我觉得是别人家难以比拟的，用户体验完全不一样。”

她还会主动提出常见质疑，用“修订”代替“删减”，打消用户的疑虑。例如，“对于今天这套新书，有很多家长担心它是删减版本，我们其实是对原来在翻译上有遗憾的地方进行了修订。

#### 4. 主播 D 及其直播营销话术

主播 D 是一名绘本主播，专注做绘本，目前粉丝数量为几十万。其用户画像中约 42% 为“95 后”，该类人群的受教育水平较高，并且重视对下一代的教育。但是该类人群多为新晋父母，对育儿知识了解较少，所以需要参考专业图书。该主播的用户中一半为女性，且集中于北京、上海等一线城市，通常有较强的购买力而且重视教育。

主播 D 根据不同的节日、季节或当天要卖的图书来确定直播封面和主题。

主播 D 的直播营销话术特点为专业性强，强调经典，从而为内容质量做保障。

例如，“这套书的作者是国际知名的童书插画家，曾获多个奖项。”

“这本书的画风真的很治愈，大家可以看到他的画风。书中讲的是森林里的动物在一起生活的故事，故事后面还有延伸思考。”

“作者用童趣十足的蜡笔画，为孩子们构建了一个想象的世界。孩子拿到这本书，就会忍不住拿起画笔开始画画。这是能不断提升孩子想象力的一本书，语言也非常美，我给大家读一下：‘有一位画家，他在大山里……’”

同时，主播 D 也通过互动引导下单，如“大家准备好了吗？上 1 号链接，请大家抓紧时间下单。”

### 9.2.3 图书类单品直播营销话术

主播介绍不同类别的图书时，运用的营销话术略有差异。主播要善于观察和学习，总结提炼出一套既符合图书实际，又有自身特点的营销话术。

#### 1. 社科类通俗图书

以讲述孩子青春期的一本书为例，某主播通过提出问题来引出图书，介绍图书的亮点，唤起目标用户的注意，升华阅读本书的意义。

例如，“很多妈妈羡慕我，说感觉我家孩子没有青春期的逆反行为。但其实每个孩子都会经历青春期，我也因为青春期的孩子烦恼过。但是后来我拿到《顺应心理，×××》这本书，'顺应'两个字给了我很大的启发。这本书告诉我们如何帮助孩子度过青春期，配有大量例子且具有很强的实操性。孩子正在青春期的家长，你看到这些例子就会知道应该怎么去做。"

某主播介绍有关如何解压的一本书时，先提出家长的痛点，然后指向目标人群，强化图书的作用。例如，"现在的一些孩子压力比较大，这是一本帮助孩子解压的书。"

之后，该主播介绍图书的亮点。例如，"书里没有一句是说教的，都是好玩的图画、表格。书里教育孩子的内容，蕴含着很多道理。""这本书适合小学二年级到初中三年级的孩子阅读。"

### 2. 小说类图书

在介绍一套小说类图书时，某主播先从图书的作用、益处着手，吸引用户的注意。例如，"我在评论区看到一个粉丝向我留言，说他当年看完《福尔摩斯》后，学习成绩提高了。虽然我不知道他是怎么提高的，但读《福尔摩斯》对开发智力还是有一定帮助的。"

然后，该主播具体介绍这本书的内容，说明图书的独特性。例如，"我手上这一套《福尔摩斯》，是"少年大侦探·福尔摩斯探案笔记"系列图书，书中题目都能测验孩子在拼音、组词、造句、算数、英语、推理方面的能力。5 岁的孩子开始玩的时候需要妈妈的陪伴，7~8 岁时自己玩就没问题了。这套书内含几百道训练题，可以让孩子离开手机、平板电脑、电视，解答一个个有趣的谜题。"

最后，该主播再次强调图书的作用，引导下单。例如，"它的作用是可以训练孩子的专注力。专注力是一种持续动脑的能力，我们需要不停地让孩子把大脑动起来。""这套书适合 5~12 岁的孩子阅读。"

### 3. 古典类图书

主播可从用户角度入手，试图打消用户的顾虑。例如，"很多妈妈都担心孩子不能读懂《山海经》。""这本书与一般的《山海经》不一样，书上印有一个二维码，大家可以扫码听音频。书里不仅有原文注释，而且插图也很精美，易读且有趣。"

## 9.2.4 出版社自播直播营销话术

出版社进行图书直播营销，可以绕开中间商，重新掌控图书的定价权和议价权。出版社通过自播，在扩大出版社品牌影响的同时，由于可以直接与用户沟通、增进了解，也能够提升出版社策划和开发图书产品的能力。

同样是售卖图书，出版社自播的直播营销话术与主播个人直播还是有一些区别的。我们在分别观察了几家知名出版社后，总结提炼了一些规律，如图 9-2 所示。

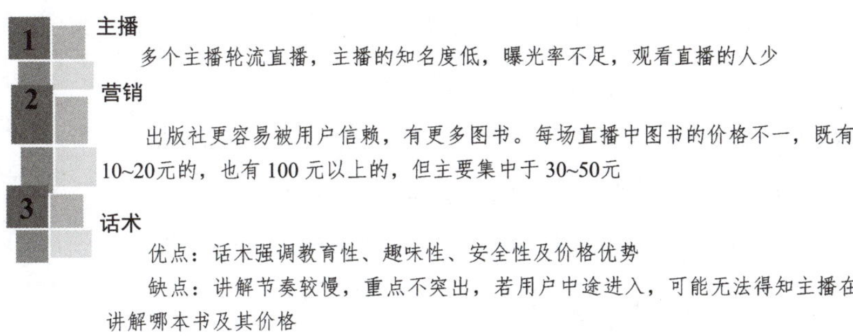


图 9-2　出版社自播的规律

出版社自播一般有以下三种类型。

第一种是图 9-2 提到的由多个主播轮流直播。这种直播的优点是专职的主播能够较为稳定地完成工作，缺点是主播一般知名度较低，可能导致直播间图书的曝光率不足。

第二种是作者亲自在直播间进行营销。这种直播的优点是作者对图书更了解，面对用户的问题能回答得更好，缺点是没有固定嘉宾，用户黏性不够强，直播商品种类单一，对用户的吸引力较弱。

第三种是没有专职人员，由出版社各个部门的人员轮番上阵直播。例如，×× 出版社曾在淘宝平台做过一场营销文创产品的直播，主播就是该出版社创设部的员工。这种直播的优点是员工了解文创产品的创作过程，缺点同样是员工的知名度低，由于缺乏专业的直播营销话术培训，讲解过程中节奏比较随意，没有固定模式。

出版社拥有作者方面的优势资源，可以邀请知名度较高的人加入直播间，为直播间增加流量。值得注意的是，部分出版社自播偏向知识传播，如 ×× 出版社的直播宛如一次讲座，尽管画面拍摄精美，特写镜头和拍好的辅助镜头交错展示，但无法与用户产生互动，主播只是单向地讲述，直播间气氛一般。出版社自播的相对冷清与图书达人主播的火热形成鲜明对比，出版社主播有待系统地进行直播营销话术的培训。

出版社应结合自身图书特点展开多种多样的直播营销。下面是对两家出版社自播过程中营销话术的分析。

### 1. 出版社 A 的营销话术分析

这家出版社的粉丝中占比较大的是“95 后”女性，北京地区的粉丝更是占到 30%。该出版社大多在晚上 7:00 开播，平均直播时长为两个小时，直播频率大致为两天一次，场均观看人数大致为 1300 人，平均客单价为 69 元。出版社 A 作为一家知名的出版社，开播次数较少，未来需要进行直播营销常态化运营。

（1）出版社提升直播间运营效果的营销话术

出版社 A 会在切换不同的图书时进行抽奖，以便留住用户，这种无缝衔接的手法值得学习。

例如，“我们抽取一位幸运的朋友。恭喜昵称为 ××× 的朋友，记得联系客服，留下你的姓名、地址和联系方式。”

出版社 A 的直播运营团队会在屏幕上打出“点赞直到 ×× 开始抽奖”，引导用户点赞、分享，从而增加曝光率，也延长了用户留在直播间的时间。

出版社 A 在自播时，主播会及时给予新关注直播间的用户反馈，也会吸引没买到书的用户持续待在直播间，注重引导用户分享。

例如，“接下来我们准备给大家上链接了。刚刚给大家分享了我们的新书，谢谢新朋友的关注。”

“如果没有买到，大家也不要伤心，不要生气。如果大家很喜欢主播，主播下周再给大家开展活动，好吗？”

“趁现在还早，大家可以把直播间分享给自己的好友，让他们尽量到直播间来。”

（2）出版社促进用户下单的营销话术

出版社 A 欢迎用户进入直播间时也会强调价格优势。

例如，“接下来讲的是 ××× 系列和 ×× 系列，原价是 199 元，每人可以买 4 本。今天在直播间用 49.8 元就可以买 4 本。”

“一套 6 册，原价是 118 元，今天大家在直播间用 44.9 元就可以买到。”

有时候，出版社 A 还会替用户规划好消费计划。

例如，“原价 135 元的书，今天在直播间卖 67.5 元，你只要凑满 100 元，还可以用一张满 100 元减 20 元的优惠券。”

（3）出版社发挥影响力的营销话术

出版社 A 自播时经常用销量和好评为商品内容质量背书。例如，“这是今年上市以来获得了很多好评的一套书。”“它是我们与故宫博物院宣传教育部合作出版的，销量很高。”

出版社 A 自播时为了满足家长的教育需求，会说：“这是我们做的《哇！故宫的二十四节气》，给大家翻一下里面，它的画风非常可爱，小主人公都是故宫里的人物。它适合 3~6 岁的小朋友学习传统文化中二十四节气的知识，同时也可以了解故宫里面的建筑。”

（4）出版社提升用户能力的营销话术

在推荐理财的图书时，主播会讲述书中的具体内容，以引发用户的兴趣。

例如，“书中有一个小女孩名叫吉娅，她今年 12 岁了。有一天她捡到了一只小狗，给它取名‘钱钱’。后来，钱钱帮吉娅的父母度过了财务危机。这是一个离奇的童话故事，从中我们可以了解金钱的秘密和真相，以及投资理财的办法。它教育小朋友只有付出自己的劳动才可以赚钱，如可以从帮你的朋友遛狗做起，然后去培养自己的理财能力。”

主播还会分享个人读后感以拉近与用户的距离，使图书介绍更加真实可靠。

例如，“我读完这本书之后了解到两个重要的观点：第一个是如果你想获得更多的收入，那你就要从熟悉的领域开始；第二个就是 72 小时法则，如果你想做一件事情，就要在 72 小时之内去做，超过这个时间，你大概就不会做这件事情了。”

最后，主播会再次强调适合人群和图书的作用。

例如，“这本书可以帮助小朋友树立正确的金钱观，完全没有接触过理财的家长也可以去读一读。”

（5）出版社解决用户现实问题的营销话术

在推荐一本关于孩子的情绪管理的图书时，主播在直播中先引用了一个专业理论，然后强调图书的实用性：“我们的家长朋友们有没有听过简·尼尔森的正面管教理论？”“这是可以拿过来就用的一本实用手册。”

主播接着指出图书的目标用户，并且强调共同学习和陪伴：“对于 5~12 岁、13~18 岁这两个年龄段的孩子，你都可以和他一起学习，共同成长。”

主播会构建具体场景。

例如，“其实孩子在说‘我不愿意’时，他真正的意思是什么呢？往往是‘我害怕’。你要分析他‘不愿意’背后的原因，给出解决办法。‘妈妈该怎么办呢？’这本书会告诉家长，要让孩子感到被聆听、被支持、被理解。”

主播接着提出具体问题，并给出解决方案。例如，“家长如何面对孩子成长过程中的情绪问题？这本书用图解的方式一步一步地教你怎么跟孩子对话……”

### 2. 出版社 B 的营销话术分析

出版社 B 的直播封面和主题较为固定，用户多为“85 后”人群。该年龄段用户的孩子大多面临升学等教育问题，用户的购买需求较为迫切。用户主要集中于二、三线城市，这些地域的人群往往有较强的购买力而且重视教育。

出版社 B 的营销话术有以下特点。

（1）突出出版社的背景，强调专业性

出版社 B 自播的时候突出自身的专业背景，强调权威性和突出专业性，以赢得用户的信赖。

例如，“这 6 本书是 ×× 公司授权给我们出版的，该公司是国际十大童书出版机构之一，1843 年于英国成立。”

“这是热销的绘本，今天只要 62 元，平时都卖 188 元，且质量是有保证的。”

“6 号链接是 ×× 的作品，他为大家打造了一个充满想象的童话世界，创作了 70 余本有趣、美丽、富含想象力的作品。”

（2）围绕出版社的特色，强调家庭教育功能

出版社 B 自播时会提出潜在用户的痛点，并给出解决方案。

例如，“这套书里面的 8 个故事非常经典，而且是中英双语。家长如果没有时间陪伴孩子，孩子在阅读的时候扫描每本书背后的二维码，边听边练。”

出版社 B 还会通过搭建使用场景来增加图书的价值，扩大目标用户的范围。

例如，“孩子不分性别，3~6 岁都可以。”

“这套书足足有 6 本，还有礼盒包装，无论是买给自己的孩子还是送给亲朋好友的孩子，都非常适合。”

出版社 B 自播时也会从家长的角度出发，进而强调图书的实用性和未来使用场景。

例如，“其实我们大人也蛮喜欢的，读它也是一个找回自己童心的过程。”

“让孩子学好成语故事，从小打好基础，以后就可能少走一些弯路。”

（3）鲜明地说出图书的属性及其与其他图书区分

出版社 B 对于图书的内容和设计特色更加了解，主播在讲解时可以鲜明地说出图书的属性，并面向用户进行专业的介绍和指导。

例如，“什么叫立体翻书呢？平面看过来，它就是一本普通的绘本，但把它翻开，里面的每一页都是立体设计。”

“每一页都有一幅手绘的插图，形象逼真，动物朋友就像在和你面对面地交流一样。”

（4）说明图书的趣味性和安全性

家长在购买教育类图书的时候最关心两方面问题，一方面是图书的趣味性，即孩子是否会喜欢图书，另一方面是图书的安全性，即图书是否会对孩子的身体造成伤害。出版社在展示图书的同时也要注意关注这两方面的问题。

主播可以介绍图书在设计、排版上的特色，以增强图书的趣味性。

例如，“每一本书都是立体翻书设计，我拿出来给大家展示一下，学习的时候很有趣味性。”

“孩子看的时候趣味感就增加了，它会引导孩子爱上学习。”

“这本书一页一个故事，而且每个故事配有 4 张图，情节紧凑，就像看漫画一样有趣。”

主播在讲解时，还要说明图书的安全性。

例如，“每本书都有硬壳，书里面每一页的纸张都非常厚实。而且图文并茂，色彩非常丰富和鲜艳，没有反光设计、没有刺鼻的气味，安全无毒，还不伤孩子的眼睛。”

“它色彩鲜明、图案简单、画风淳朴，采用厚纸板精装，轻易撕不烂，可以反复阅读。而且它是圆角设计，能避免划伤孩子的手。这本书安全、无气味，采用环保印刷……”

（5）引导用户关注出版社，促进下单

出版社 B 自播时会及时回复评论并引导用户到主页搜索图书。

例如，“有用户问有没有 ×××，今天在我们的直播间没有，不过大家可以去出版社官网的主页搜索一下，那里可以找到这本书。”

主播还要强调价格优惠，通过与之前的价格进行对比来凸显图书的实惠，以便用户做出选择。

例如，“今天 28 号链接对应的这套书半价，原价 270 元，这套书在儿童节时送人非常合适。领店铺优惠券和直播间优惠券后可叠加使用，这套书的价格算下来很实惠了。”

“原价是 68 元，今天只要 29 元，适合 3~10 岁的孩子。”

“重点是我们今天的价格很低，只需要一杯奶茶的钱。”

## 【思考与练习】

1. 不同出版社的直播营销话术有什么相同点和不同点？
2. 如何根据出版社自身定位开展直播营销？
3. 选取一两个出版社的直播间进行观察，记录主播的话术特点，并给出建议和意见。

# 第 10 章

# 生活类和知识类直播营销话术

## 【学习目标】

- 掌握日用品直播营销话术。
- 掌握旅游类直播营销话术。
- 掌握知识类直播营销话术。

从 2019—2020 年中国消费者观看网络直播的类型分布来看，观看生活类直播的占比最高，达到 47.48%，其次是泛娱乐类网络直播，占比为 43.53%，电商直播占比位列第三，为 27.34%。由此可见，生活类直播的市场占有率相当高，而这一领域的竞争也相当激烈。由《2020 年春季直播产业人才报告》可知，知识领域直播的岗位竞争热度非常高，月平均招聘薪酬高达 11577 元。要想在这两个领域中脱颖而出，主播就要熟练掌握并运用相关的直播营销话术。

## 10.1 生活类直播营销话术

生活类直播在整个直播行业中的占比是巨大的，涉及出行、旅游、美食、日用品等领域。下面主要介绍日用品和旅游类的直播营销话术。

### 10.1.1 日用品直播营销话术

艾媒咨询发布的《2020 上半年中国直播电商市场研究报告》显示，直播电商用户消费最多的 3 类是日用品、服装和美食，分别占比 63.3%、56.7% 和 46.7%，可见日用品在直播营销中的重要性。

日用品的直播营销话术需要遵守直播规范。例如，对于驱蚊类的商品，主播在直播营销时不能使用过于绝对的词，也不能夸大商品的使用效果。

日用品又称生活用品，是人们日常使用的物品，按照用途可以划分为洗漱用品、家居用品、炊事用品、装饰用品、床上用品等。下面以营销垃圾袋、洗衣液、沐浴露等七件日用品为例来介绍其营销话术。

#### 1. 垃圾袋的营销话术

主播可以从垃圾袋易破、易造成污染的共性缺点出发，点明该款垃圾袋不易被扯破、非常环保，符合绿色生活理念，从而直接让用户产生购买意愿。

例如，“这款垃圾袋很有质感，承重力很强，垃圾装得再多都不会破，而且它无毒无害、没有异味，非常环保。如果你们家的垃圾桶是深色系，那你就拍黑色款；如果垃圾桶是浅色系，就拍白色款。3，2，1，上链接！”

主播身后的工作人员在整个直播过程中都要配合主播，可以举着宣传用的牌子。当主播讲解时，工作人员还可以配合说“太棒啦！”“大家可以下单了！”，给用户带来视觉和听觉的双重体验。

主播每次讲解完之后，工作人员应在镜头面前向用户演示如何下单购买：“这款 ×× 非常好用，点击下方链接就可以购买啦！”主播可以继续讲解商品的特性、优点，并且把直播间的商品与实体店、淘宝店的商品的价格进行对比，突出直播间商品的优惠力度。工作人员展示垃圾袋购买方法的时候，尽量不要给用户犹豫的时间。例如，“福利时间又到了，直接点击 1 号链接，立即购买就可以了。”

### 2. 洗衣液的营销话术

主播用专业的语言讲清洗衣液的清洁效果，体现洗衣液无污染、健康温和的特点。例如，“这款经典的薰衣草香味的洗衣液，男女老少都可以使用。它里面的清洁因子含量达到 20%，可以保护你的衣服不会受到二次污染，保护衣服原本的颜色和纤维。这款洗衣液不含荧光剂，不含磷，也不伤手。”

主播在介绍的时候将目标人群予以扩展，激发用户为家里的长辈购买。例如，“长辈每次去超市买洗衣液其实是很累的。在直播间购买，快递送到家门口。”

主播可以帮助用户计算优惠金额，强调直播间价格比超市价格低。例如，“我们直播间 139.8 元到手 8 瓶，来看看超市卖多少钱（展示超市洗衣液价格）。这是我们团队去超市采购的购物小票，日常价 220 元。我们这个组合有 12 千克，今天直播间的福利价是 139.8 元，到手 8 瓶。这款真的是福利产品，点击下方链接，您直接付款就好！”

主播会通过承诺来打消用户购买时的顾虑，增强其购买意愿。例如，“咱们可以先体验，先试用，特别是针对第一次来咱们专卖店的朋友，或者第一次用 ×× 洗衣液的朋友，感谢大家关注。试用不喜欢、不满意可以无条件退货。这款商品既有品质保障，又支持 7 天无理由退货，还赠送运费险，破损包赔，多重保障，看好的朋友们直接下单，拍 1 号链接，开始！”

### 3. 沐浴露的营销话术

主播可以详细介绍使用沐浴露的感受，为用户呈现出极致的使用体验，从而打动用户。例如，“用这款沐浴露打出来的泡泡非常细腻，洗完澡也不需要再用香水，你整个人都是香香的，睡觉的时候被子也是香香的。”

主播可以用赠品吸引用户购买分量大的沐浴露。例如，“×× 沐浴露 250 毫升，价格仅为 158 元；500 毫升，价格为 298 元。我们直播间会赠送大家一款浴帽，但只有购买 500 毫升包装的沐浴露才会获得浴帽。当然，买 250 毫升包装的沐浴露也会获得一份小礼品。”

主播可以用恰当的语言来描述商品的优势，增强画面感。例如，“用完后整个房间都是香的，你觉得好不好？想买 ×× 沐浴露的朋友们赶紧下单了。”

### 4. 茶色煲的营销话术

主播在介绍某款茶色煲时，除了介绍商品的大致信息以外，还需要说明商品的不足，让用户注意规避；但也要说明商品的多种用途，以便迅速击中目标用户的内心。

例如，“我来给大家介绍一下这款茶色煲，它的容量为 1000 毫升，但是它不能放在明火上烧，也不可以放在电磁炉上，放到微波炉里是没有问题的。倒入 100℃的水也没有问题，盛热汤、盛热面更是不在话下，买回去当个泡面碗、沙拉碗或汤碗也很好。”

### 5. 保温杯的营销话术

主播在介绍保温杯时，可以主要从色彩、设计和安全等方面来讲解。因为保温杯是用来喝水的，直接接触水和嘴巴，所以对卫生的要求很高，这也是用户特别关心的。

例如，“8 号链接是一款保温杯，主要有 3 个颜色——白金、星空灰和紫罗兰。主播个人非常喜欢紫罗兰这个颜色，但很多人喜欢星空灰的颜色。咱们来看一下杯身，上面印有品牌 Logo，整个杯子做了一个收腰的设计，非常好看。”

“这款杯子采用 304 不锈钢材质，不管是泡茶还是平时盛果汁都没有问题。里面的密封圈没有胶水和异味。”

### 6. 卷纸的营销话术

卷纸作为日用品，其使用频率非常高，所以用户对其安全、卫生的要求也很高。因此，主播要在直播中说明卷纸的成分，表明其安全、卫生的特点。

例如，“这款卷纸没有任何添加剂，家里的孩子、老人都可以放心使用。”

这种使用频率超高的商品，用户对其价格十分敏感，因此主播要在直播时要突出商品的价格优惠，同时用赠品等福利刺激用户，促使其下单。

例如，“主播今天给出的价格为 18 包 90 元，买一送一，买 18 包送 18 包。买 18 包送 18 包还不满意的话，再送您 4 包，将一波大福利给到你们。”

主播在使用促单话术时可以给出承诺，打消用户的顾虑。

例如，“咱们是 ×× 官方旗舰店，保证是正品，假一罚十，支持 7 天无理由退货，附加运费险，统统安排上！”

主播还可以用真诚的话语获取用户的支持。

例如，“咱们 ×× 不缺纸，缺的是大家的支持和鼓励啊，请大家关注直播间账号鼓励一下。”

### 7. 牙膏的营销话术

主播可以真实、合理地利用名人效应来突出自身商品的受欢迎程度，吸引更多用户关注自己的商品。

例如，“有不少名人都在用我们的牙膏，连最近大受欢迎的艺人 ×× 都在用。”

主播可以说明牙膏的功能特性，来增强说服力。

例如，“牙膏的味道类型很多，有水蜜桃、浪漫樱花、西瓜等，可以使口气清新。牙膏的另一个作用自然是清洁牙齿，这款牙膏可以清理牙齿上的烟渍、茶渍、咖啡渍等。”

主播可以通过与线下店同款商品的价格进行对比，突出直播间价格的实惠。

例如，“在线下超市，45 元只能购买一支 ×× 品牌 100 克包装的牙膏，而我们直播间在今天只卖 49.8 元，包含 3 支 100 克包装的牙膏，而且有 3 种味道，我们还赠送 3 支 40 克的旅行装牙膏和 3 支牙刷。”

### 10.1.2 旅游类直播营销话术

携程在 2020 年第一季度财报中指出，由于直播引流，高星酒店品类恢复较快，引领旅游业复苏。直播与酒店预售的结合，实际上是一次产业服务大升级。直播让酒旅行业有了更好的宣传途径。无论是达人还是商家，都可以积极地参与旅游直播营销。

#### 1. 旅游类主播

旅游类主播分为两类：一类是拍摄旅游视频日志（Video Log，Vlog）的主播，他们在直播间营销的商品不限于旅游商品，也可能是其他商品；另一类就是专门营销旅游商品的主播，其短视频和在直播间售卖的商品的相关性很强。主播定位的不同，导致他们在直播间使用的营销话术也略有差异。

（1）旅游类 Vlog 主播

某主播是一名旅游类 Vlog 主播，喜欢拍摄记录自己旅游的经历，将短视频发到快手、抖音等短视频平台。她拍摄短视频多是以自驾的方式展开，沿途介绍美景，短视频为直播营销引流的作用明显。

第三方数据显示，其短视频为直播引流的贡献度约为 23%，引流人次达 8 万。她的用户中，女性用户占到了 95.4%，年龄主要分布在 25~35 岁，地域主要分布在北京、潍坊、保定、天津等。她一场直播营销的销售额就近 40 万元，客单价约为 38.1 元。目前，她的直播场均时长为 3.5 小时，热销的商品有 60% 是面部护肤品，其次是香水、护发造型商品和身体清洁商品等。

该主播在直播时吐字清晰，普通话标准，声音好听；与用户的互动性强，会根据弹幕反馈调整商品的介绍顺序，也会把直播间的商品与其他地方的商品的性能进行对比，具有一定的专业度。

例如，“（在弹幕中看到用户的反馈）3 号链接是吧，那就先介绍 3 号。”

（2）旅游商品类主播

专做旅游商品营销的主播要根据旅游商品的不同来调整自己的人设定位与营销话术。例如，某位介绍普陀山旅游商品的主播，他看起来很朴素，直播间也充满诗意。该主播重点讲解景点知识、旅游路线等。而另外一位介绍迪士尼门票的主播表现得较为热情，其直播间的背景音乐也是迪士尼花车环游时播放的音乐，主播有时候甚至还会随着音乐跳舞，其直播的背景多采取 VR 实景。

### 2. 旅游类主播的通用话术

无论是旅游类 Vlog 主播，还是专门营销旅游商品的主播，他们在介绍一个景点的时候一般会涉及以下 3 个方面的内容。

（1）景点介绍

主播介绍一个景点的时候不仅要介绍景点本身，还要介绍景点背后的文化故事。

例如，“根据书中的记载，南方有一个叫作普陀洛迦的岛屿，而现实中这个岛屿就是普陀山的离岛洛迦山。今天我就在这里和大家聊一聊洛迦山的旅游攻略。”

（2）旅游商品介绍

主播在介绍完景点之后，要聚焦到旅游商品的介绍上。

例如，“6 月的旅行路线规划已经上架了，大家进入小黄车就可以查看。我在这里将对 ×× 团队 6 月的行程安排进行说明。”

（3）节假日价格优惠、套餐活动或相关服务介绍

直播营销的最后一步就是促进用户下单。而旅游商品与一般的商品不同，其节日属性更强，因此主播要结合节假日的活动进行介绍，以满足用户的需求。

例如，“如果你计划去迪士尼，千万不要错过今天直播间的活动。”

“我们旅行团队的服务又进一步优化了，参团的时间提前 24 小时或延后 24 小时都可以。”

“如果你购买了迪士尼‘嗨玩’套餐，两年内任何时间都可使用。我们提供多项服务，包括专属通道免排队，提前 1 小时入园；专业导览陪同 8 小时，不让你多走一步路；免费旅拍等。”

“今天是 ×× 好物节，我们有很多福利相送。我们的‘嗨玩’套餐原价 899 元，今日活动价只要 389 元。只要选择‘嗨玩’卡，我们就赠送价值 200 元的旅拍服务。这项旅拍服务包括 30 张底片……同时今天送价值 128 元的发箍，送价值 128 元的 T 恤，送冰凉毛巾与凉袖套。满 1000 元送 ××× 包。”

### 3. 完整地策划一场当地旅游直播活动

推广当地旅游的直播活动可以分为宣传视频、直播间直播与官方推介会 3 个环节。主播在每个环节的营销话术都有不同的侧重点。

（1）宣传视频中的营销话术

直播开头播放旅游宣传视频，多场景转换，多次重复“嗨，××（地名）”这句话，加强用户对 ×× 地的印象。

（2）直播间的营销话术

直播间的背景屏幕可以展示直播主题和重点等，例如“春季旅游推介会”，背景多为绿色，配有花朵图案，彰显春天的生机勃勃；物品摆放有序，桌上摆放一些当地的美妆商品，让人感觉舒适。两名主播都很端庄，笑容亲切，语言相互配合。

主播的开场话术点明直播主题，多次提及地点。例如，“春暖花开了，我好想出去玩啊，你看外面的天气那么好，风景那么美，我感觉它们都在向我招手。”“好像是春风在跟我说：‘嗨，×× 欢迎你’。”

接着，主播介绍旅游地和礼品。例如，“今天阳光明媚，和我们一样想出去玩的朋友一定不在少数，那今天我们一起到 ×× 的各地去转一转。”“去哪里啊？是去古堰画乡、东西岩吗？现在就去吗？”

然后，主播用福利增强用户黏性，使其留在直播间。例如，“别急，我们现在先把直播做完，然后马上出发。在这里跟大家说一下，我们的直播‘刻不容缓送豪礼’。听字面意思就明白了，今天我们两名主播将化身福利派发使者，给大家派发一波又一波的景区一日游礼物，还有电影院的年卡、民俗免费住宿卡等。向大家剧透一下，今天我们的直播间还会有两位嘉宾做客，他们会给大家带来超级大礼，所以大家千万不要错过，11 点锁定我们的直播间，超多福利等着你。”

之后，主播鼓励用户分享直播，吸引更多用户进入直播间。例如，“今天也是特别适合旅游的日子，我们除了在 ×× 金融媒体中心 ×× 直播平台进行同步直播之外，还在 ×× 新闻客户端、×× 客户端、×× 小程序、新浪微博、西瓜视频进行同步直播。我希望大家赶紧将直播链接分享给你的亲朋好友。”

主播在直播的最后再次强调直播营销的主题。例如，“我们这次推介会的主题是‘×× 莲都’。这个主题特别适合很久没有出过门的人，约上三五好友，来到我们 ××。”

（3）官方推介会的营销话术

主播应无缝转换直播营销话术，将送礼物与开展促销活动交替进行，让用户很难离开直播间。例如，“镜头转到官方推介会，我们先来看一下这个推介会会介绍什么好玩的地方，有哪些有趣的玩法。而且推介会上还会发布《×× 区促进文旅产业消费发展八条措施》，发放百万旅游消费券。稍后我们依然在直播间等着大家，给大家派发多重福利，待会儿见。”

然后，主播介绍“刻不容缓送豪礼”，说出礼物的具体内容，并与用户互动抽奖。抽奖口令截图应与主题有关，如“世界很大，我想去 ×× 看看”。

之后，主播介绍景点与酒店的旅游商品，用背景大屏展示民宿内景，推荐线路，播放宣传视频。主播在结尾提醒用户领券下单，回归主题。例如，“世界真的很大，各位朋友，×× 是值得大家来逛一逛、玩一玩的，莲都的景区都在等着大家。”“每天上午 10 点，上 ×× 平台可以领取消费券。”“短暂的分别，只是为了更好地相见，我们在 ××（地名）等你。”

## 10.2 知识类直播营销话术

与在线课堂教学不同，主播可以通过知识类直播与用户进行及时的互动交流，满足用户对知识的需求，减少信息损耗和误解，提升用户的学习体验。主播要想从知识类直播的激励竞争中脱颖而出，就要熟悉并灵活运用知识类直播营销话术。

## 10.2.1　知识类直播营销话术要点

常见的知识类直播主要有 3 种：第一种是线下知识类活动的现场直播，这类直播的主要作用是将原本积累的线下用户吸引到线上；第二种是引流类知识类直播，这类直播通常会以一个知识点或一本书为主题；第三种是课程配套的知识类直播，这类直播的内容能有效拓宽用户的知识面。

### 1. 知识类直播的商品

主播进行知识类直播的变现方式有售卖音视频课程、付费会员权限等，也可以进行付费直播。主播作为授课老师，在直播的过程中能够及时答疑、指导和反馈，实现陪伴式的学习；主播作为营销人员，可以通过课程赠送、会员分享赚奖励、课程课时抵扣等多种优惠互动，丰富直播时的营销话术，提高转化率。

### 2. 知识类直播的规范

新媒体平台要求知识类课程每节课的持续时间不得超过 40 分钟，课程间隔不少于 10 分钟；按培训周期收费的，不得一次性收取时间跨度超过 3 个月的费用；如上课或实施培训需通过独立的 App 或官网，应准确告知用户，如“需下载 ×× App 学习”；不得进行效果、结果保证，如“一定学会”“成功率 100%”“保证通过”“通过率超过 90%”；不得使用命题组或官方团体名称展示宣传，如“权威命题专家”“编委主讲”“知名专家押题”等。

## 10.2.2　知识类主播直播营销话术

下面主要介绍两种知识类直播，一种是考研英语教学直播，另一种是 PPT 教学直播，以此呈现相应的营销话术。

### 1. 考研英语教学直播

以某位从事考研英语教学直播的主播为例，她在直播间营销的商品主要是教育类图书和网课，涉及考研英语、政治、英语四六级等。她的用户群体主要是考研的大学生。具体来说，用户中女性占比为 72.78%，男性占比为 27.22%。该主播主要在哔哩哔哩平台上进行直播。从评论词云来看，用户对直播内容的关注点主要是“老师”“英语”“考研”“焦虑”“理解”“妈妈”“独处”。

主播的定位明确、风格专一，标签辨识度高，语速快，话语很密集，节奏感强。主播借助短视频、整点福利等形式吸引用户，增强用户黏性，同时通过谈心短视频、直播预告、到名校讲座宣传等方式传播直播教育理念。例如，“人生就像一座山，爬它！”“同学们，下次直播定在下周四晚上 8 点，我会解答同学们的问题。”

她的直播营销话术能够直击用户的学习痛点。例如，“有些同学问我，大二开始准备考研是不是有点儿早，我跟你们说，不早！”“为什么大家都说今年的题不难，但是自己没考好？”“你词汇量不够，还敢上考场？”

主播注重感同身受、拉近与用户的距离。例如，“今天我们来讲阅读理解，很多时候你觉得精读很难，我来教你怎么读，保证事半功倍。”“今天直播的课件里面没有一个问题是虚的，都是大家反映的问题。”

主播的专业度高，能够结合知识点，强调自己的知识体系。例如，“这个知识点，上过我的课的同学都知道。”“这个单词其实很好记，就是用老师讲到的这个办法”。

### 2. PPT 教学直播

PPT 教学主播的直播营销话术主要体现在以下几个方面。

（1）欢迎话术

欢迎词 + 引导留言 + 点名互动，这种话术主要用在跟主播比较熟悉的用户身上，同时用于让新进入直播间的用户感受到主播对他们的关注。例如，“嗨，各位同学，大家晚上好，大家能听到我的声音吗？已经到了的同学在评论区回复‘1’，让我看到你们。我看到 ×× 同学来了，你好啊！”

主播在开场可以合理制造课程的价值感和稀缺感，这种话术主要用在不熟悉主播，甚至没有看到直播预告的用户身上，目的是在很短的时间内吸引用户注意，使其留下。例如，“我讲的这门 PPT 课程，一个企业家听完后说，如果他能早点听到，工作就会顺利很多。”

（2）活跃气氛话术

这类话术穿插在整个课程中，常见的活跃气氛话术有以下几类。

- 调侃和调动情绪：“你学会这门课，就不需要熬夜加班了。”
- 流行语 + 使用体验：“我从来没有用过这么好用的 PPT 技巧，非常简单、好用。”
- 夸张 + 指明利益：“学会这个技能以后，你在职场上很容易被领导关注和欣赏。”
- 接地气 + 强调实用的方法：“这个方法真的很好用，掌握后你的学习效率可能比原来高一倍。”

（3）转场话术

在直播过程中，当讲完一个知识点，要讲下一个知识点时，主播要运用转场话术，以使过渡不那么突兀，使直播的整体节奏张弛有度。常见的转场话术有以下几类。

- 引起下文 + 指明利益：“下面我要教大家 10 秒完成 Word 大纲转 PPT，有人会说这不可能，那你就看好我下面演示的这个技巧。”
- 引起下文 + 提问互动：“看完我的演示以后，欢迎大家在评论区说一说自己以前是怎样做的。”
- 举例子 + 故事：“我们有一个学员学会这个技巧以后，做了一个 PPT，他的领导看完立刻给他点赞了，这个技巧你想学吗？”

- 引起下文+游戏互动:“我给大家准备了一个小测试,非常简单,我们一起来看一下。”

（4）提高价值感话术

提高价值感的话术主要有以下几类。

- 强调利益:“做 PPT 是非常实用的职场技能,因为在职场上经常会用 PPT 汇报工作、总结材料。”“几乎每个职场人士都免不了和 PPT 打交道,学会使用它,你的工作效率将大大提高”
- 改变认知:“想做好 PPT,你要学会驾驭素材,而不是让素材驾驭你。我们不要做花瓶式的 PPT,但也不能让好的内容搭配差劲的排版。”
- 对比+对称:“很多人以为厉害的人是天天惊心动魄地解决麻烦,职场人士知道,真正厉害的人是重复把简单的事情做好,创造佳绩。”

## 【思考与练习】

1. 请为除垃圾袋、洗衣液之外的日用品构思一些直播营销话术。
2. 为你的家乡策划一次针对旅游商品的直播营销话术脚本。
3. 知识类直播的规范有哪些?

第 11 章

# 直播营销效果评估与主播的日常练习、个人发展

【学习目标】

- 了解评估直播营销效果的指标。
- 掌握日常练习直播营销话术的方法。
- 了解虚拟主播的特点。

随着智媒体时代的到来以及虚拟主播的出现和成熟，主播将面临新的机遇与挑战。本章将介绍主播直播营销效果的评估等内容，为新人主播或想转型成为职业主播的人提供一些帮助。

## 11.1 直播营销效果评估

在直播结束后，主播及其团队要根据直播间的运营数据来评估直播营销效果；在发现存在的问题后，主播及其团队要通过解决问题、优化直播营销话术来促进商品的销售转化。另外，主播的直播竞争力在一定程度上也会受到收益分配模式的影响。

### 11.1.1 评估直播营销效果的指标

一场直播结束后，主播及其团队要做好直播复盘，以下指标是必不可少的工具。

#### 1. 直播间运营数据

主播需要具备基本的直播数据分析能力。主播进行直播营销效果评估除了参照直播间的销售额结果外，还应对过程数据进行研究，这样才能不断提升自己的直播营销能力。通常来说，直播营销的效果评估数据分成两个方面。

（1）直播间数据

直播间数据包括主播数据（如主播的热度及排名），直播时间相关的数据（如主播开始与结束直播的时间），观看人数、新增粉丝数、观看人次粉丝比、最高在线粉丝比、最高在线观看人次比、每小时观看人数、观看人数粉丝比、平均停留时长、停留率，互动相关数据（如评论数、评论人数、互动率）等。

（2）营销结果数据

主播的营销结果数据表现为主播在某一时间段内的收益情况，包括商品点击次数、上架商品数量、“带货”商品销量、销售额、成单率等。

通常情况下，主播的营销结果和开播时间呈正相关。因此，主播为了提高收益，前期需要稳定播出时间，进行持续播出。而且这些数据一般会在直播平台的后台显示，如抖音电商罗盘、飞瓜数据、卡思数据、蝉妈妈等。蝉妈妈首页如图 11-1 所示。

图 11-1　蝉妈妈首页

### 2．直播间外私域流量

主播还可以通过直播间外私域流量进行变现。直播带来的微信群等直播间外私域流量也要计算在考核指标内，以便更全面地了解用户。总之，主播要养成每天看数据的习惯，直播后及时复盘，通过分析后台流水和有效主播数据，再对比本周的数据，然后着手开启下一场直播。

## 11.1.2　直播营销的收益分配模式及签约主播带货的收入

主播在直播营销市场中的竞争力在某种程度上受到直播营销收益分配模式的影响，2020 年直播相关岗位月收入如图 11-2 所示。

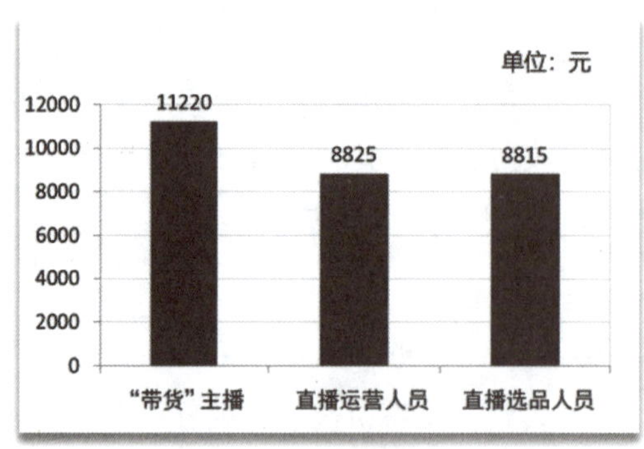


图 11-2　2020 年直播相关岗位月收入

### 1．直播营销的收益分配模式

直播营销的收益分配模式主要有佣金模式、坑位费、粉丝打赏等。

（1）佣金模式

企业按照主播的实际销售额支付，通常根据一定的比例（20%~40%）提成。主播的收入通常与佣金和企业的收益有关，但有时候企业为了打造“爆款”也会不计成本地支付高额佣金。有人曾从利润分成角度对不同平台做了调查。例如，在淘宝直播的直播间营销收益中，阿里妈妈扣除 10% 的技术服务费后，淘宝直播分成 20%，签约主播所在机构分成 70%，主播再按照和 MCN 机构谈的比例进一步分成。

（2）坑位费

坑位费是指商家为让自己的商品出现在主播的直播间所支付的进场费。坑位费会因为商品出现顺序的不同而存在差异，先出现的商品的坑位费一般要高于后出现的商品的坑位费。这种支付方式也意味着主播不承诺销售金额。

在实际直播营销中，企业 / 品牌商通常采取“佣金 + 坑位费”的组合收益分配模式，不仅需要向主播支付固定的坑位费，还要根据直播营销效果支付佣金。

（3）粉丝打赏

粉丝打赏主要是指粉丝在平台充值之后，赠送给主播虚拟礼物，主播可以按照一定的比例提现。

以上收益分配模式和主播的能力有关系，所以导致了主播收入的不同。

#### 2. 签约主播“带货”的收入

签约主播需要履行的义务包括将拼多多、淘宝、抖音、京东等账号绑定至相关公司旗下，而且通常每月直播天数不少于 20 天、60 小时，也就是每天需要直播至少 3 小时。合作不限于直播营销，还包括视频广告、视频制作与发布等。

签约主播一般是按照底薪加提成的方式获取收入，提成是公司扣除渠道费、手续费等成本费用之后的金额。例如，一位大学生毕业后在上海做直播营销主播，他的底薪是 7000 元，再加上 30% 的提成。

有时候企业在签订合同时，为了更好地激励主播，也会对佣金的比例进行弹性管理。例如，月收入为佣金流水的 50%；月收入流水在 5 万 ~ 8 万元的，提成为 60%；月收入超过 8 万元、不超过 10 万元的，提成为 60%，再加 1000 元奖励；月收入在 10 万元以上的，提成为 60%，再加 2000 元奖励。

## 11.2 主播的日常练习

主播为了优化直播营销话术，不仅要加强日常表达能力的练习，还要不断了解商品的知识和特点，不断提升自身的专业能力。

### 11.2.1 主播的自我修养

主播往往有一定的用户基础，他们的言行及价值观也会潜移默化地影响着用户，因此主播提升自我修养是行业发展的必然要求。主播的自我修养主要体现在直播营销话术、直播礼仪及其他符号表达上。

### 1. 直播营销话术

主播的直播营销话术要符合以下要求。

（1）语言清晰精准

一名合格的主播应具备的最基本的条件是吐字清晰。主播可以每天对着镜子练习，或者将自己的直播录下来反复回看，找到不足之处并及时改善，从而不断提升自己的语言表达能力。

（2）语言表达合理

一名优秀的主播要能清晰地讲解商品的特点，并且准确地说出用户的兴趣点和痛点。主播在直播时要做到能说的说，不能说的坚决不要说。有的主播因为负面台词和负面情绪把人气消耗掉了，有的甚至面临停播的风险，对于这些主播，我们要引以为戒。另外，主播不仅要自己说，还要让用户“说”，会互动和聆听的主播能获得更多用户的喜爱。

（3）语言通俗易懂

主播在直播间介绍商品的时候，容易出现两个问题：一是不懂装懂，任意夸大商品的特性和功能；二是讲解过于专业，频繁使用专业词汇进行介绍。这两个问题都是要避免的。主播既要事前熟悉商品的属性、优势和对用户的益处，又要学会抓住商品属性的要点，用通俗的语言表达出来。

### 2. 直播礼仪

主播在合理运用直播营销话术讲解商品的同时，也要注意遵守直播礼仪规范。

（1）肢体语言与表情神态

首先，主播不得长时间离开直播间，不能做出不雅的动作或者说脏话等，应时刻保持微笑，注意用眼神与用户进行交流；尽量不要左顾右盼，不能玩手机，不能做与直播营销无关的事情而忽略屏幕前的用户。其次，主播应挺胸收腹，微收下颌，在镜头前保持端庄。最后，主播不要做夸张的肢体动作，要注意管理自己的面部表情。

（2）妆容

主播上镜直播，建议不要素颜，可勾画眉毛，使面部更美观。鼻梁、鼻翼和侧脸有时候也需要用修容笔进行勾勒，这样可使主播在镜头中看起来更精神。睫毛不宜过密，腮红不宜过浓，这样可使主播整体上看起来更加自然、大方。

（3）着装

着装能展示主播的风采，主播的着装要干净整洁，可以根据直播的内容进行特色化打造。例如，上衣部分的色彩尽量采用暖色系或柔色调，避免穿黑白色或与背景板相近颜色的衣服，耳环、项链、帽子等配饰不得遮挡面部。

### 3. 其他符号表达

其他符号表达主要包括主播的账号、直播间的背景及道具的使用。

（1）主播的账号

主播的账号也会影响用户的判断，因此主播的头像要真实、清晰，要与主播营销商品的属性有较强的相关性；主播的昵称要与人设强相关，突出人格化的特征，有时候可以用作对直播的预告。主播账号的背景图也要遵循以上原则。

（2）直播间的背景

直播间背景的打造也是一门学问，首先要突出主题。例如，如果主播营销的是家居用品，背景可以呈现家庭一角，还可以呈现一些小的装饰；如果主播营销的是电子数码产品，背景可以是电子屏幕；如果主播营销的是知识类产品，背景还可以是小黑板等。直播间的这些符号都要精心设计，以增强用户购物时的场景代入感。图 11-3 所示分别为家居用品、电子数码产品和知识产品的直播间背景。

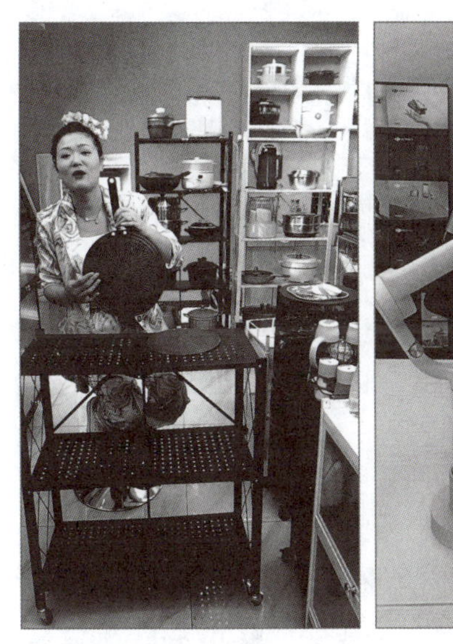
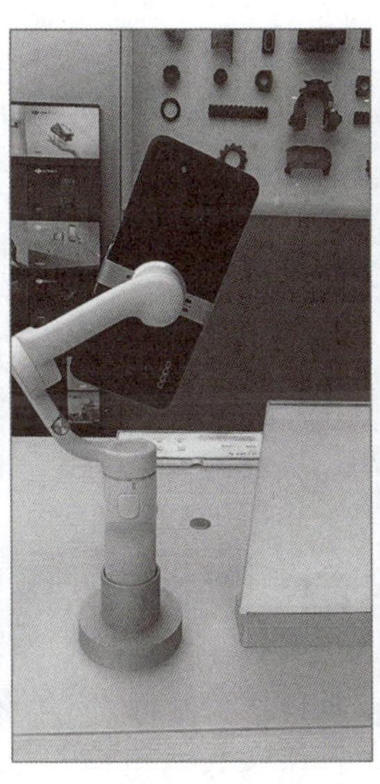
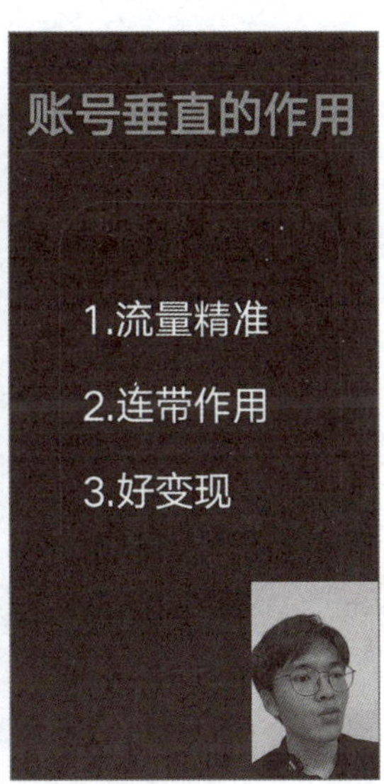


图 11-3　家居用品、电子数码产品和知识产品的直播间背景

（3）道具的使用

主播在直播间介绍商品的时候可以做一些演示，在无形中增强与用户的沟通。例如，某美妆“头部”主播就经常在直播中采用趣味演示的方式，用洗面奶打泡，然后在上面投掷一枚硬币，泡沫不会塌陷，从而说明泡沫细腻、稳定。另一位主播会在粉饼上滴一滴水，观察水珠是否会渗入粉饼，用演示来说明粉饼的隔水性很好。

主播通过这些演示可以增强用户的黏性和商品的说服力，有助于直播营销的开展。不过，主播在道具的选用上要慎重，否则稍有不慎就可能出现“翻车”的现象。

### 11.2.2 主播的事前准备

主播在直播前要做好充分的准备，包括直播的硬件、软件及直播的时间选择等。

#### 1. 做足前期的硬件准备

由于声卡会影响直播的音效，因此主播在直播营销时可以使用笔记本电脑外置的声卡，也可以使用台式计算机内置的声卡。主播要注意直播间镜头摆放的角度和位置，以及光线的配合，光线太强或太弱，镜头中出现的形象效果都不好。

#### 2. 做好直播的软件准备

直播的软件即人的因素，但人的因素并非以外貌作为第一要素。有的主播的直播营销效果不好，误以为是自己不好看的缘故，其实直播中商品的质量及主播营销话术的运用才是更重要的。因此，主播不要将精力放在外表上，而更应该聚焦在对商品的了解、选择及与用户痛点的结合上。主播只有经过长期的练习和不断的反思，其直播营销的效果才会有所提升。

#### 3. 选择自己的“黄金档”

与传统媒体类似，直播等新媒体平台争夺的是用户的时间。电视台的“黄金档”多为19:00~22:00，而直播的“黄金档”一般在18:00以后。因此，许多主播都集中在18:00之后直播，从傍晚一直延续到深夜，这段时间也成为主播进行直播营销的高峰时段。

用户的时间毕竟是有限的，平台推送的流量也是有限的，这就为新人主播开播和转化带来更大的挑战。因此，新人主播可以根据自己所营销商品的特点进行错峰直播。例如，一名营销英语课程的老师就结合用户晨读的行为特点，每天早上开启直播营销，效果也很好。

## 11.3 主播的个人发展

随着数字经济的发展，大量企业与品牌入局，直接推动主播岗位的市场需求快速增长，“带货主播”成为一种新兴职业。主播要不断提升个人能力，积极做好转型的准备，对未来的发展趋势有清晰的了解。

### 11.3.1 主播的求职与主持人转型做主播的优势

随着跨界入局者增多，主播的身份日趋多元化，企业对主播的需求也大大增加。

#### 1. 主播的求职

第三方招聘机构经过调查发现，企业对主播需求量较大的城市分别为杭州、广州、深圳、北京、上海、成都和长沙等。

主播在求职过程中，除了要向企业提供个人基本情况介绍表之外，还要提交1~3分钟的短视频，对自身的能力和风格进行展示。短视频的审核因素包括主播的外貌及气质，谈吐是否自然大方、不拘谨、灵活有趣，控场及互动能力如何，是否有才艺以及对行业的了解程度等。

### 2. 主持人转型做主播的优势

很多人通过“破圈”转型做主播，广电行业的主持人便是其中的一个群体。他们在转型做主播进行直播营销的过程中有一定优势。

（1）有突出的语言表达能力

某位主持人在直播间介绍湖北茶叶时为用户讲解《茶经》，将“茶”字进行拆解，进行说文解字：“人在草木间，苦过一时便能尝到一口鲜、两口甜……”

还有一位主持人在一次采访中说：“如果没有 25 年的主持经验为我打基础，我很难在直播行业坚持下来，这个行业拼的就是基本功。因为之前做主持人，我练就了非常好的应变能力、语言组织能力、学习能力，所以今天成为主播的我才不局促，没压力。”

（2）有一定的文化底蕴

由主持人转型的主播在直播过程中往往对每种商品的成分、特点十分清楚，与之相关的典故和故事也都能信手拈来。

例如，某主持人在直播中说：“说妃子笑荔枝好吃，不是在作假，白居易曾经形容妃子笑荔枝‘壳如红缯，膜如紫绡，瓤肉莹白如冰雪，浆液甘酸如醴酪。’形容得太好了，妃子笑荔枝就是这么好吃，果肉就像白雪一样，果汁甘甜爽口。当年苏东坡被贬到岭南，郁郁不得志的时候就喜欢大口地吃妃子笑荔枝，‘日啖荔枝三百颗，不辞长作岭南人’，因为好吃，所以能让人忘记忧伤啊！”

（3）思维清晰，具备一定的控场能力

浙江广播电台某位主持人接到听众投诉，代为致电 4S 店询问退还车主续保押金一事，她在电话接通之后迅速说明了自己的来意和身份，并同时告知节目正在直播的消息。当销售经理表示不知道国家相关规定且试图转移注意力的时候，她据理力争，始终强调国家的明文规定，并清晰表达合理诉求，要求销售经理退还车主押金。

在整个通话过程中，这位主持人表现出较高的专业素养，她逻辑分明、有理有据，即使面对销售经理傲慢的态度也能够随机应变，以良好的语言节奏与对方进行辩论，也因此获得了众多网友的关注。此外，她对国家相关法规的说明，也起到了科普作用，宣传了相关法律法规，对弘扬主流价值观起到了推动作用。

（4）直播风格与自己的专业贴近

大多数主持人在直播间销售的商品类型与自己原来主持的节目或自己的兴趣有一定的相关性。例如，转行做主播的女主持人更多营销的是母婴、美妆等商品；转行做主播的男主持人则更多营销的是数码电子产品、零食等商品。因为有主持工作经历，尤其是曾在主流媒体工作的经历，主播会更容易让用户相信其推荐的商品。

例如，《交换空间》的主持人在进入直播行业前，到中国科学院心理研究所上课，学习心理学和儿童教育心理学，取得了婚姻家庭咨询师的认证，为日后的事业做了铺垫。这位主持人在直播营销的时候经常会提到专业的心理学知识，从而提高了自身的说服力，她所营销的商品也多是和家庭生活相关的。江苏卫视多档综艺节目的某位主持人把自己的直播间打造成了综艺节目的现场，从配色、牌匾品牌设计到周边道具，从开场舞、嘉宾出场风格到背景音乐，都具有浓浓的“综艺味”。

（5）主持人的名人效应

由于有做主持人的经历，这些主播加速了前期粉丝积累的过程。主持人转型做主播后，团队人员也会利用并发挥其人气优势，在宣传和直播开头的聚人环节用主播名字编一些朗朗上口的口号。

### 11.3.2 虚拟主播

虚拟主播是最近行业内的热门话题。虚拟主播打造用户购物体验的能力略低于真人主播，但是 24 小时直播又使其具备了真人主播不具有的优势。因此，虚拟主播成为直播行业发展的下一个趋势。

#### 1. “我是不白吃”

“我是不白吃”是国内第一个以动画短视频“带货”的 IP，也是第一个进行直播营销的虚拟主播。这个 IP 最初以动画内容制作为主，开发了两季原创美妆番剧，一共收获了 4 亿次的播放量。

“我是不白吃”的创作团队从 2019 年 7 月开始研究短视频平台，发现各平台上美食类的账号以吃播、探店、烹饪为主，拥有千万粉丝的大账号数不胜数，这条道路似乎已经非常拥挤。但他们发现扎根“美食文化”和“美食科普”的账号比较少，多年的动画及喜剧开发经验让他们知道怎么把一个无聊的话题讲得有趣；动画特有的表现形式可以天马行空，他们无须真的跑到某个地方拍摄，也不需要斥巨资还原若干个时代的场景——动画可以轻松实现一切创意需要。

两个月之后，“我是不白吃”的抖音账号粉丝数量达到了 100 万，快手账号的粉丝数量达到 50 万。三个月后，“我是不白吃”开始商业化。其第一条商业视频是和“上好佳”合作的，播放量没有太大惊喜，但出乎意料地带了几万元的货。

“我是不白吃”在视频“带货”稍有成就之后开始进军直播。动画虚拟主播进行直播的难点在于，虚拟形象对于美食体验的表现力是略低于真人的，所以创作团队选择了真人与动画形象结合的直播形式。“我是不白吃”直播的第一天，观看人数达到了 312 万，峰值在线人数达 4 万，单场直播“涨粉”12 万。目前，“我是不白吃”的直播已经做到单场销售额超百万元，场均销售额约为 48 万元，在全网虚拟 IP 直播的销售数据中位居第一。

### 2. 虚拟主播概述

关于虚拟主播的定义，京东人工智能开放平台认为，虚拟主播是指使用虚拟形象在网络平台上进行直播的主播。京东虚拟主播如图 11-4 所示。

图 11-4　京东虚拟主播

（1）虚拟主播的特点

虚拟主播不受体力和时间的限制，可以一直以较高的标准和热情进行直播营销。因此，在真人主播下班之后，部分商家选择使用虚拟主播代班，以进行 24 小时直播营销，减少粉丝的流失。同时，虚拟主播还为直播营销带来全新的交互体验，尤其对于“95 后”而言，他们可能喜欢二次元文化，不同类型的虚拟主播满足了这一群体的需求，兼具偶像属性。

（2）虚拟主播直播营销的分类

虚拟主播直播营销可以分为两种类型。一种是虚拟主播独立进行直播营销。例如，由“手心好物”引入淘宝的 ×× 二次元主播，直播时收获了近 15 万的观看量。该虚拟主播为主讲解人，单人出镜，在开场的简单聊天和自我介绍之后，就开始了商品介绍。该虚拟主播还会解答弹幕中的问题，与用户互动。

另一种是真人与虚拟主播一起进行直播营销。例如，“洛天依”是以 Yamaha 公司的 VOCALOID3 语音合成引擎为基础制作的中文声库和虚拟形象，是国内较早实现盈利的虚拟歌手。她曾经“带货”家居生活用品，还会抽奖聊天。

（3）虚拟主播带货的问题

尽管科大讯飞对外宣布 10 分钟就能生成一个虚拟主播，淘宝直播也以虚拟主播、智能直播助力营销，但目前淘宝直播平台的虚拟主播功能也只对部分商家开放。目前来看，虚拟主播还是存在一些问题，无法与真人主播相提并论。

- 虚拟主播的人设模糊，IP 知名度往往不高，孵化周期长。
- 虚拟主播缺乏直播规范的约束，举止随意。
- 虚拟主播的声音缺乏真人主播的节奏感和变化性。虚拟主播的语速通常较慢，难以营造卖场的热闹感、紧迫感和强烈的推销感。而且由于技术不成熟，双虚拟主播在直播营销时还会出现语言重复的问题。
- 真人主播和虚拟主播的配合不够密切，双方只是语言层面的交流，整体感觉不够自然和顺畅，有局促感。

总之，随着 5G 时代的到来，直播营销将继续发挥重要的作用，而直播营销话术对于真人主播和虚拟主播同样重要。对于我们每个人来说，未来唯一不变的就是变化，勇于迎接变化，不断挑战自我，尝试新事物，才能改变现状，拥抱希望。

## 【思考与练习】

1．主持人转型做直播主播的优势有哪些？
2．虚拟主播的定义和特点是什么？
3．你认为未来真人主播会被虚拟主播取代吗？